# 練習善良的一年

A YEAR of LIVING KINDLY

能夠改變你的人生以及周遭世界的美好決定

唐娜‧卡麥蓉
DONNA CAMERON

薛芷穎——譯

# 目次

## 第二部分｜瞭解的季節

### 第 一 章　　善良之途阻礙重重

### 第 二 章　　抗拒善良

### 第 三 章　　敞開生命 擁抱善良

## 第三部分 ｜ 選擇的季節

### 第 一 章　　善良的工具

### 第 二 章　　選擇善良

### 第 三 章　　如何面對不善良

## 第四部分 | 蛻變的季節

### 第 一 章　　善良的挑戰

### 第 二 章　　創造更善良的世界

### 第 三 章　　善良度過每一天：你的善良遺產

獻給比爾‧維德克爾（*Bill Wiederkehr*），有你在的地方，便是家園。

第 一 部 分 ｜ 探 索 的 季 節

# 前言：世界可以多點善良

　　這個時代，善良少得可憐。無論在高速公路、人山人海的公共空間、政治論述、社群及廣告媒體，此事實都無所遁形。日常禮儀消失無蹤，迎面而來盡是狂妄輕蔑。我們不再表達由衷感激，對一切不理不睬。曾經溫文儒雅的談話或公民辯論，早已被惡言相向、羞辱嘲弄給攻陷殆盡。比大小聲，儼然成了現代人的致勝攻略。令人感受不佳，也不該如此。

　　撇開「感受」不佳，你我身邊無所不在的不善良與無禮，都具有極大毀滅力，健康、人際關係、快樂、職涯成就等方面都備受威脅，而且罪證確鑿。越來越多研究報告指出，善良有益健康，能延年益壽、改善人際關係、增進事業成就，還能帶來無與倫比的快樂。在霸凌者、暴虐無道的人眼中，善良或許可笑，甚至是一種弱點，但事實洽為相反：善良是一股力量，強而有力，足以轉變人生、改變世界。

　　締造改變，決定權掌握在你我手中。想創造更善良的世界，從身邊開始做起即可，不必號召群眾、遊說組織，也不必付出代價，而且隨時隨地皆可。我們不必聰明過人、家財萬貫，也不必能言善道、愛好社交。唯獨一點：隨時留心留意；碰到不知所措的情況時，我們要選擇善良以對。

　　聽來簡單，也確實不難……付諸實踐卻不容易。生活中有大大小小的事，我們不見得總能時時留心。一旦察覺遭受侮辱或挑釁，經常會習慣性採取反射動作，或不假思索予以反擊。缺乏安

全感時，當下所採取的反應，不見得總是帶有同理心（也可能缺乏邏輯）。我們難免會有疲憊不堪、失去耐性、深感恐懼的時候，也難免有雞蛋裡挑骨頭，甚至誤會他人之時。對於這些，我們只能坦然面對：我們畢竟都是凡人。

善良人士向來令我景仰，更是我效法的楷模。在我眼中，他們日常的一舉一動，都風度翩翩，讓人如沐春風、愉悅舒暢。光是待在他們身旁，便足以歡快自得。好些年來，我三番兩次立志要實踐善良，甚至視之為新年新希望。也確實有付諸實行，然而，一遇到這些情況，我便選擇放棄：困難重重、窒礙難行、忍耐到達極限、備感威脅、失去安全感，或自認不夠格。我會出言不遜、冷嘲熱諷，或乾脆掉頭就走，假裝視而不見，平白錯過機會，既沒給別人帶來一天的好心情，更別說要改善世界了。

兜了一圈，我只是在裝好人。

總算有一天，我立誓要說到做到。二〇一五年，我命之為「練習善良的一年」，為了讓偷懶變得困難，每週定期更新部落格，也邀請大家來追蹤（ayearoflivingkindly.com）。那年，我每天持之以恆，督促自己做一個善良的人。每一天，對於善良和自己，都有更深一層的體悟。世上沒有所謂的善良開關，加上過去數十年來，我總是自以為是地裝好人，距離善良總有一步之遙，因此，我深知自己達成目標的機率只有一半。我告訴自己，倘若到年底，能變成更善良的人，目標便算實現。

一年步入尾聲，值得慶幸的是，我發現自己*確實*變成更善良的人；即使某些時候還力有未逮，但善良二字，每天放在心上，

也立志堅持下去。還發現，多了善良，人生也產生了變化，或微妙深奧，或顯而易見。也領悟到，要成為善良的人，光靠一年努力是不夠的，你必須投入一輩子，鍥而不捨去實踐。所以，一年結束後，我決定把目標延長：只要是活在地球上的一天，我都要活得善良。

是故，此書不僅記錄練習善良一年來的心得，也記載持續不斷學習的新事物。我試著以看待人生的方式，來看待善良：認真之餘，又不能太自以為是。也希望自己能信誓旦旦地說，善良對我而言如魚得水，舉手投足皆是善良。可惜我不是。我確實*比過去善良*，比過去更快樂，也持續投入善良之舉，但仍會有煩躁易怒的思緒、失去耐性的時刻、疏於察覺的狀況。論言談舉止，固然比不上達賴喇嘛或德蕾莎修女，但周遭世界確實有顯著正向改變。無論能否成為無懈可擊的善良人士，我都會堅持下去，因為，我們的世界亟需多一點善良。我還學到一件事：要讓世界變得更美好、更安全無虞、更公平正義，善良絕對是一帖良藥。

現今世界欠缺禮貌與體貼，你是否有時也感到氣餒？你是否希望，大家能夠更設身處地為他人著想，凡事多往好處想？你會否期望，自己能更全心全意投入人生，與人交往時，能夠建立有建設性的正面互動？我相信，善良能創造大大不同、終能改變世界。若你也有同感，歡迎加入我的行列，開啟練習善良的一年。

本書一共有五十二節，概略歸納為四大章節，依季節區分，含括十二個主題。你可把善良當作每週冥想的主題，或在不同情境下讀完，或隨意翻到任何一節，尋找能引發共鳴的隻字片語。每一小節最後則提供若干點子，幫助你思考，日常生活中，要如何將概念付諸實行。此外，章節之間也幫助你探索，善良通常以

何種形式浮現、在哪些時候出現（或哪些時候難以如願），從而設定目標。讀完此書後，該如何採取行動，方式因人而異。只要你真誠表達善意，方法沒有對錯。歡迎加入我們的善良行列。

第　　　　　　　　一　　　　　　　章
瞭　解　善　良　的　真　諦

# 第一節──做好人不等於善良

「人生首重三件事：一是要善良，二是要善良，三是要善良。」──美國作家亨利‧詹姆斯（Henry James）

善良的故事，俯拾即是……只要我們願意用心尋找。

夏日炎炎，熱浪來襲，佛羅里達州的消防隊接獲通報，一名男子在除草時心臟病發。護理人員趕到現場，馬不停蹄送他去醫院，幾名消防員仍留在現場，替他除完草，順手把院子清理乾淨。

肯塔基州路易維爾市（Louisville）一名十三歲女孩，發現一個小男孩只因鞋子破爛不堪，被其他男生嘲笑霸凌。她從鞋櫃拿出一雙全新的耐吉球鞋，送給男孩。

英國曼徹斯特市警方接到報案，一名當地女子支支吾吾，聲稱自己或九十五歲的老伴跌倒受了傷，十分害怕。警方來到現場，發現朵瑞絲（Doris）與弗來德（Fred）夫婦只是感到孤單。警員煮一壺開水，泡杯茶，坐下來陪這對老夫妻聊聊。

善良的人，付出總是超乎他人預期。總是盡心盡力，從不考慮一己之便，也從不期盼任何回報。他們之所以付出，純粹出於一種自然而然的本能，只為讓世界變得更臻於理想。

在大部分人眼中，我應該都算是好人。我從小被教育要做一個好人。「要做個好女孩」，從前，母親總如此勸勉著我，加上各式各樣咒語般的教誨，都是要確保自己的女兒，絕不要惹鄰居閒話，不要引人目光（不論好壞），也不要害母親受到矚目。「坐姿要端正。」「不要咬指甲。」「要做個好女孩。」這些耳提面命，構成孩童時期一層無形的束縛。

　　大致來說，母親都是一個好人，卻不足以算是善良的人。作為好人，能與大多數人保持距離，與人交集或互動的機會能免則免，頂多維持表面關係。大多情況下，母親很有禮貌，唯有與關係緊密的親朋好友往來，才會多些付出、顯露多一點溫暖，但善良仍是點到為止。自幼以來一連串的失去，教母親別太信任人、別抱太大期望、志向不要太高。生活當中，極度重視安全感，總是害怕失去更多。在母親的潛移默化下，我學會做人要小心謹慎、含蓄拘謹，而且要做一個好人。

　　然而，就在幾年前，我突然意識到，光做好人是不夠的。我不僅想做好人，還想把揮之不去的恐懼感一掃而空，並立下遠大志向。我渴望成為善良的人。善良之人有一股魅力。一舉一動，或只是現身，都足以讓人心情愉悅，讓人對世界燃起希望。對我來說，行善意味著，每一天來到尾聲，都能慶幸自己有幫到別人，有展現自己最好的一面，世界或許因我有一點點改變。你會有更多時間去體悟知足與惻隱之心，不再耗時間去計較別人有沒有威脅到你、令你失望。我認為，後人想起你時，若嘆道：「她是個善良的人。」那麼，這一生也就沒白費了。這才是最有意義的悼詞。因此，我發願要成為善良的人。大多時候我都有做到，但仍有失去耐性、煩躁易怒、妄下批判、漠不關心，或視而不見之時。

從裡到外做一個善良的人，並不簡單。當好人不費吹灰之力。就算置身事外、批判他人，甚至冷嘲熱諷，我還是可以裝一副好人的樣子。但換作是善良的人，這些行為都是不容許的。行善意味著，要關懷別人，要付出心力；與人互動時，要思考自己會帶給他人何種影響，盡量讓互動變得更多采多姿、充滿意義，滿足別人當下所需，不去計較回報。也意味著，我必須放下批判，接受別人原本的樣子。必須放下孩提時母親的諄諄教誨，而且要背道而馳：我必須走向人群、甘冒風險。

　　做好人，不必費太多心思。做好人沒那麼困難，而且簡單易行。只要表現得和藹可親、處處被動，便能安全過關。不必為他人奉獻過多精力，也不必太過投入，就能做一個好人。做好人，不必冒險犯難。為別人開門、對收銀員微笑，或看到遊民，塞幾張紙鈔到對方手裡，不用目光接觸，更無須說一句發自內心的關懷；這些都算是做好人。但若要行善，就得自問能幫上什麼忙，伸出援手；不待對方開口，主動走上前去，開啟一段對談，且非膚淺的寒暄。諸此種種行動，都難免涉及風險：可能被斷然拒絕、視若無睹、嗤之以鼻。

　　許多年前，有幸認識戴爾・特納（Dale Turner）博士；他身兼作家、演說家、神學家，同時也是不可多得的善良人士。他總是隨身攜帶綠色小卡，上面印著簡短幾字的箴言：「奉獻自己」，見人就發。那張小卡，我一直收藏在皮夾，還特別把箴言寫在一張紙上，釘在書桌旁，轉眼間過了將近三十年。在我來看，這句「奉獻自己」道盡了善良的精髓，也清楚劃分好人與善良人之間的差異。

　　要實踐善良生活，就不能看心情行善。只在方便時付出舉手

之勞，稱不上是善良。要一輩子奉行善良，即使狀況棘手又礙事，甚至難如登天、礙手礙腳得超乎想像，你都得選擇行善。*這些時刻，才是真正關鍵*。這些時候，往往他人亟需幫忙，只差臨門一腳即可扭轉乾坤。這些時候，最需要我們深吸口氣，把善良發揮到淋漓盡致。

練習善良的那年起，我才意識到，自己有時多麼漫不經心。心思都放在工作上的問題，或籌畫下一場會議，或掛念工作期程，這些時候，很容易忘記要和同事找招呼、與超市店員真誠聊上幾句、感謝丈夫幫我把車子的油加滿。因此，我開始投入更多心思，從小小善事著手：為別人開門；當別人替我開門時，真誠道謝；同事疲憊不堪時，主動幫忙；走路看到同事要打招呼。

從一開始，我便意識到，要成為善良的人，光會做*好人*是不夠的：得付出努力才行。單純看表象，也許沒有顯著差異。過去的我，碰到有人乞討，頂多火速塞一兩元美鈔，便繼續趕路；有時甚至打從心底好奇，那人是真需要幫助，還是單純懶惰，而我只是太容易上當。換成現在，我會停住腳步，注視對方的眼睛，聊上幾句，祝他們一切安好。起初會感到尷尬、不自在，但緊接著，我發覺兩人之間多了一種連結感。那一瞬間，我們的生命互相交錯，感覺美妙極了。現在的我，不再猜疑對方是否真需要幫助，也不再自我懷疑。有幫上忙就好。

致力於善良，必須克服重重難關，也得磨練技巧。以前所未有的方式投入人生，不僅為*個人*，而是為*宇宙萬物*。

致力於行善的念頭，即使只有自己知道，也無所謂。有這個念頭，才最為重要。人有失手，馬有亂蹄，這點無庸置疑。我也會口出惡言，或善良的機會來到，卻漠然視之。多付出一點善良，

便能讓全人類的康莊大道越走越順，為世界添一道希望的曙光。每一回行善，都在在應驗亨利・詹姆斯的名言：善良是人生最大的禮讚。

**化善良為行動**：試著想想，平常你如何與人互動？普遍來說，你是善良的人……或只是好人？某些方面，過去的你也許選擇做好人，若現在起改從善良的角度出發，感受會否有所不同？也試著回想孩提時接收到的訊息。你可曾受到鼓勵，要多多與人分享、「發揮善心」？或者，你總被告誡自己不夠好，要竭盡全力保住所有、擁有更多？對現在的你而言，哪些訊息令你受用無窮？哪些訊息願與孩子分享？不妨取張紙條，寫上「奉獻自己」等簡短的金玉良言，貼在舉目可見之處。

# 第二節——若善良與生俱來，就不必反覆練習了

*「從事所好，周而復始，人生自然瀰漫芳香。」*——美國牧師韋恩‧繆勒（*Wayne Muller*）

　　我並非骨子裡就是善良的人。要承認這點並不容易。善良是我最重視的人格特質，但直到現在，仍舊有寸步難行之時。朋友或認識的人經常說，我這人很善良；但願是事實，畢竟人生志向就是善良。大多時候，善良都難以實行。我偶而也會暴躁易怒、擅自批判他人。有害羞、魯莽、漠然的時候。也有任性妄為之時。過去多年來，我都自認脾氣很糟。或許正因如此，練習善良的一年，於我格外重要。

　　善良之人，總是令我仰慕；光是置身在他們周圍，便令人如沐春風。我渴望有朝一日，自己也能像他們一樣。但光靠嚮往是不夠的。若干年前，為慶祝某個意義非凡的生日，我踏上為期一週的靈境追尋之旅。倒不是為了探索靈境，只是想來點新鮮體驗，順便挑戰體能。臨行前，我刻意不抱持任何期待，不設下任何目標，打算一切順其自然，不去控制結果（唯有一點不容討價還價：我要活著回來）。我向來有些「鐵齒」，聽聞通靈與神祕體驗這類事物，總是一笑置之。只盼別遇到蛇或超級大蜘蛛。

　　在美國加州死亡谷（Death Valley）待了七天，半數時間置身沙漠，孤身一人，不得進食。旅程結束後，雖自豪能通過體能這一關，卻萬萬沒想到，內心湧現一股前所未有的使命感。善良二

字，向來令我尋思、憧憬，實踐起來卻總是三心二意。這趟沙漠旅程，令我恍然大悟：唯有善良與我相伴。不曾露營、當背包客的我，以往只肯睡在舒舒服服的床上，更別說在戶外如廁。這趟旅程給我最寶貴的體驗，就是善良：嚮導替我安排了種種行前準備；丈夫聽到我想冒險一試，縱使完全摸不著頭緒，仍全心全意支持我；大自然獻上令人屏息的美麗景致、宜人天候（而且一條蛇都沒有）；對於自己缺乏歷練的事實，我選擇坦然接受、不妄下批判。寫寫日記，對著賴以為家、悄無聲息的峽谷說話，我體悟到一個真諦：活出善良的一生，是最重要的使命。從那天起，學習如何實踐善良，成為我努力追尋的目標。

若昧著良心說，只要立定志向，善良得來毫不費功夫，豈不皆大歡喜？可惜事實並非如此。立志過後沒多久，我故態復萌，脾氣暴躁，就像引擎故障一般，在善良之路走走停停。有時十分善良。有時為了行善，甚至費盡心思。但多半時候，我漠不關心、焦躁易怒、偷懶懈怠，或純粹只是「太忙了」。公司擴大經營，步調很快，每週工作六十五到七十五小時是稀鬆平常的事。誰有時間行善？幾年又過去，善良二字經常在腦海浮現，卻不是我的首要之務，即使列為第一優先，一旦碰到阻礙或不便，此念頭又立刻煙消雲散。

從前的我，難道是惡女不成？不，不盡然，至少大多時候並非如此。只是還沒準備好要成為善良的人而已。

這次我毅然決然，投入練習善良的一年，同時在部落格分享心得。設定目標後，邀請朋友、陌生人閱讀我的文章。如此一來，一旦偷懶把善良拋諸腦後或裹足不前，不僅瞞不了自己，也瞞不過看著我進步、默默支持的網友。藉由公開分享，能提醒自己隨

時留心留意；即使有工作期程要趕，或私人事情要處理，都不能忘卻目標。最棒的是，善良令我意志更加堅定，萌生出更多善良，成了日常奉行的人格特質。

萬歲！完美結局。

不，事實不然。善良並非終點，不是你付諸實踐了，從此便所向無敵。那一年，隨著時間推進，我意識到，善良是每日晨起都要力行之事，隨時都要保持覺察，即使不小心半途而廢，也要再次投入（偶爾仍會發生，未來也是如此）。但無論如何，行善都是件快樂的事，當下的我，最接近真我、最棒的我。對我來說，部落格是一種策略，能督促自己要堅持下去；其他方法，比如寫日記、冥想、與好友分享善行、與大自然為伍，效果或許也一樣好。藉由寫部落格，我體認到，自己有時仍會力有未逮。也總算學會，別過度追求完美，以免滯步不前。無論是培養新技能、改變習慣，或建立嶄新行為模式，人人都會找到一套適合自己的方法，讓改變堅持下去。你的策略又是什麼呢？

我想，假使善良是與生俱來，我就不必想破頭去練習了；善良應該信手拈來、易如反掌。有些時候，直到脫口而出，才驚覺話說得不夠善良，毫無建設性。值得慶幸的是，我發現，越專注於善良，越留意與人互動的一言一行，越容易實踐善良。說與不說之間，都在在顯露你是一個怎樣的人。


**化善良為行動**：*這一生中，有沒有哪些東西是你期盼擁有的？可能是人格特質、天分、能力，甚至是資產。為得到這些東西，你付出了多少心血？有哪些是你放在心上，但缺乏鍥而不捨追求的*

熱忱？有哪些是你願投入時間精力，來練就或達成？生命中，令人醉心嚮往的事物不知凡幾，既然不可能一一追尋，不如專注其中幾樣，尋索最能引發共鳴與感動的東西。釐清優先事項，或許是知足常樂的祕密關鍵。哪些事物對你至關重要？善良若也是其中之一，不妨制定計畫，天天付諸實行；觀察看看，你的人生有哪些改變。找一種能強化實踐的方法，寫寫部落格、與朋友分享實踐結果、冥想、寫日記，或任何能激發熱情的方式皆可。

# 第三節——善良與邪惡有天壤之別

「善良。實踐容易。放棄容易。選擇後者，無人發現。選擇前者，人生將隨之改變。」——英國社會學家朱利安・包沃斯・布朗（*Julian Bowers Brown*）

我鮮少有不善之舉。我想，大多人皆是如此。記憶中，這幾年來不夠善良的言行舉止，屈指可數，但光想到這些行為，就令我十分慚愧。也許是對員工發脾氣，或對電話推銷員說諷刺的話。多希望時光倒轉，重來一遍。這些狀況令我難為情，也耿耿於懷。期許自己別再言行失當，也盼望這類情況越來越少。然而，即使大多時候能避免不善良，也不代表我足夠善良；這就像，擁有整組球桿，不代表就會打高爾夫球。

努力成就善良的過程中，別人若對我酸言酸語，我會試著嚥下怒氣；他人行為造成不便時，我會試著豁然微笑。但光這樣還遠遠不夠。徹底釋懷，不帶任何批判，坦然接受被打擾的事實，真心誠意露出微笑，不帶一絲埋怨，則又是另一層次的問題了。我想，這就是善良、避免不善良的差異所在。簡直有天差地別！

慶幸的是，認識的人當中，被我歸類為不善良者，少之又少；出奇善良的人，我倒認識不少。他們讓我對世界燃起希望。大多數人介於中間，不夠善良，也不至於不善良，徘徊於矛盾與事不關己之間的灰色地帶。

若干年前，有次從底特律市搭機返家，著實讓我體驗到善良

的力量。當時，航空公司忙不迭張貼班機誤點公告，未明確解釋原因。同班機的旅客漸漸不耐煩起來，怒不可遏，咆哮威脅，大罵髒話，認為航空公司不盡責；即使地勤小姐對誤點也無能為力，也躲不過這群人的霸凌謾罵。她透過大聲公不停道歉，以冷靜的聲音平撫旅客，也告知一有最新狀況，將立刻通報大家。候機室不厭煩的抱怨聲浪越來越多，口氣越來越差，發洩著憤怒與不滿。

　　經常飛來飛去的我，對於誤點早已習以為常，總是先備好一本書，打發等候的時間。根據經驗，一旦碰到誤點，發飆或表現不耐都無濟於事。面對一個個怒氣沖沖的旅客，地勤人員依舊展現十足的耐心與尊重，我不禁好奇，換作是我，能否展現這般專業態度與禮貌？就在這時，聽見砸桌子的聲音，我認為是該挺身而出，說些公道話的時候了。也許，我該讓她知道，並不是每一個人都不講道理；也許，我該讓她知道，在這樣高壓的環境下，她依舊表現優雅得體，值得大家肯定與讚許。我走到櫃臺，逕自開口：「我來只是想告訴妳，妳處理這件事的態度非常專業，我很欣賞。面對這裡的每一個人，就算他們再沒禮貌，妳都能這麼有禮貌、有耐性，真不曉得妳是怎麼辦到的。很抱歉要讓妳處理這種事。謝謝妳。」

　　她看看我，知道我不是奧客，鬆了口氣，不僅向我道謝，還說，多虧我這番話，讓她壓力減輕不少。我回到位子上，很慶幸自己有開口，也以為事情就此結束。

　　幾分鐘後，只見她在票務櫃臺接起電話，和對方說了些話，兩手不停打字，然後掛上電話。她抬眼掃視候機室，與我目光接觸，以指頭比了小小手勢，示意我過去。來到櫃臺後，她壓低聲量告訴我，剛接到消息，班機確定取消，所有乘客都得重新訂票。

她問我是不是要去西雅圖，我說是。她請我出示機票，打了幾個字後說道：「有個美國航空的班機，再二十五分鐘起飛，十七號登機門。我剛幫妳訂好票了。而且是走道的位子。」

列表機吐出機票，我對她致上萬分謝意。她微微一笑，為我指了指十七號登機門的方向。離開後，聽到她宣布班機取消，只見乘客們一窩蜂簇擁而上，爭先恐後搶著重新訂票。

幾分鐘後，我已快步抵達走道座位。班機問題不僅迎刃而解，這堂寶貴的一課，更是令我嘖嘖稱奇：這就是善良的力量。選擇說些善良的話，幫助他人舒緩壓力，為我帶來超乎預期的結果。當初若和那群人一同胡鬧，或選擇默不吭聲，結果將會大為不同。回西雅圖的路上，我難掩笑容。

就算沒有不善良之舉，就算有朝一日能完全拋卻不善良的念頭，也不代表我已成為善良的人。善良與避免不善良相比，猶如天壤之別。兩者之間，有一道鴻溝，各形各色阻礙善良的因素充斥其中，比如：

- 恐懼
- 懶惰
- 失去耐性
- 漠不關心
- 惰性
- 疏於察覺
- 害羞
- 習慣

這些因素，難免有時會阻礙行善，甚至阻止我們接受他人的

善意。以我個人為例，害羞的個性，有時確實會構成障礙。孩提時被耳提面命「別引人注意」，至今仍是難以徹底擺脫的包袱。要實踐善良，也許意味著，我得闖入陌生領域：*走入人群*。向陌生人伸出援手、開口說話、介入其中……對我來說，都並非本能所及的舉動。接下來的章節將一一詳談，也會有更多討論。

　　要跨出溝壑般的灰色地帶，爬上善良之丘，就得反覆再三跨越這些障礙。必須多多留心，付出行動……即使結果不如預期，也要做好坦然接受的打算、容許自己顯露脆弱的一面。期盼未來有一天，你也會打從心裡認同：這趟爬山之旅確實值得。

**化善良為行動**：*回想過去，你曾不曾在機會來臨時，表現得不夠善良，或未能發揮善良？又或者，本來打算開口，最後卻選擇作罷？這些回憶，帶給你何種感受？自我覺察是行善極為重要的一環。對你來說，有哪些行為或信念會讓人畫地自限，導致善良窒礙難行？有沒有一件善事，今天或這禮拜能立刻著手、展現你實踐善良生活的決心？*

# 第四節——善良與冷眼旁觀無法共存

「有人說，哲學家與智者皆為冷眼旁觀之人。錯。冷眼旁觀才會麻痺性靈，如行屍走肉。」——俄國文學家安東・契訶夫（Anton Chekhov）

照理來說，善良的反義詞，是不善良；但我想，冷眼旁觀也與善良相悖。冷漠之人，不可能善良。除非不再作壁上觀，除非能全心全意投入人生，否則不知不覺中，很容易陷入事不關己的舒適狀態。冷眼旁觀與善良，是無法共存的。

有多少次，目睹不得宜或令人侷促不安的情況時，我們會暗自心想：「這不是我造成的」或者「我才不想被扯進去」？有時，可能擔憂個人安全：萬一介入，會不會有危險？有時，可能怕打亂行程：我才沒空去插手別人的事。有個專有名詞叫「同情疲勞」：媒體氾濫著瘋瘋癲癲、悲慘不幸的事件，在其疲勞轟炸下，等到我們親眼目睹真實事件時，早已麻木不仁。

談到事不關己，史上數一數二惡名昭彰的例子，發生在一九六〇年的紐約市。一位名叫姬蒂・吉諾維斯（Kitty Genovese）的年輕女性，在眾目睽睽之下慘遭謀殺，手段殘忍至極，旁觀民眾竟連動根指頭來救援的意願都沒有。她當時慘叫連連，數十位民眾半夜驚醒，甚至探頭往窗外看，眼睜睜看她遭人攻擊、刺殺，時間一分一秒就這麼過去了。沒人試圖插手，沒人拿起電話報警。見死不救到此地步，令人費解。他們不願被牽扯

進去，不願被打擾；他們心生恐懼，抑或以為已經有人採取行動了。

　　吉諾維斯慘遭謀殺的犯罪事件，旁觀者視若無睹的行徑令人膽寒；若以更精微的角度來看，日常生活中，我們對於許多事物，是否也表現出事不關己的態度？貧窮、無家可歸、不平等、不公不義、霸凌，或他人不值一提的日常所需……這些事物天天在我們眼前搬演。我們經常厭倦地自我懷疑：「我憑什麼幫上忙？」忽略問題儼然練就成一種能力，只消聳聳肩，別開眼神。有些時候，特別是碰到難以化解的棘手事件時，很容易忘卻此一事實：善良具有漣漪效應，即使無法協助解決問題，至少能替他人減輕痛苦、分憂解勞。我們所採取的行動，說不定能帶動他人跟進，讓越來越多人得到幫助。漣漪會餘波盪漾、無遠弗屆。因此，世上沒有所謂微不足道的善事。

　　我們從周遭人身上，學習到事不關己。尤其是孩子，更是有樣學樣，自幼起，見到的冷漠行徑不知凡幾。起初或許會問：「我們為什麼不停下來幫忙？」「那個人為什麼沒地方住？」但沒過多久，眼看身旁大人無動於衷，孩子也學會置身事外了。他們學會漠不關心，聳聳肩說：「那又怎樣。」

　　事不關己是學來的，善良亦然。越早學習善良，越早實踐善良，漠不關心的心理便更難找上門來。願不願擺脫冷眼旁觀、麻木不仁的偷懶心態，全心全意投入人生，一切操之在己。

　　與漠不關心恰為相反的，是善良與同理心。善良強迫不來，愛與尊重也強求不得。不再聳聳肩、置之不理，多多關懷他人；不再避開眼神，多多微笑、真誠回應他人。越早付諸實行，便能越早擺脫漠不關心的心態，全心全意投入美國詩人瑪麗・奧利弗

（Mary Oliver）所謂「狂野又寶貴的一生」。

**化善良為行動：**記憶中，你或他人身上，曾否發生過事不關己的
情況？當時亟需某人發揮善良，卻基於某些因素打消念頭。重新
回想當時情境，若發揮同理心與行動力，不再袖手旁觀，情況將
會如何？也試著想像，未來某個情境下，你或許將目睹不公不義、
殘酷暴戾、困苦艱辛，你打算作何反應？想像越逼真越好，幻想
自己是英雄人物也無妨。想想看，你該採取何種反應？不妨把細
節都勾勒好，比如該擺出何種站姿、該說些什麼話，現實生活中
一旦發生類似狀況，即可派上用場。參與其中、全心投入，代表
你的這一生沒有白活。下次遇到類似狀況，你會選擇冷眼旁觀，
還是與人連結？

# 第 二 章
## 善良為何重要：益處與力量

# 第五節——日行二善：和我說聲早安吧

「行善能為內心帶來無比美妙的感受。彷彿體內有種東西與
之呼應，訴說著，沒錯，這就是我該有的感受。」——美國神學
家哈羅德・庫許納（Harold Kushner）

善良本身即回報，若還有其他益處，我當然也樂於笑納。研
究結果發現，善良對於增進健康、幸福感，好處多多。

越來越多研究證明，善良不僅對世界好，也有益身心健
康，甚至可作為萬靈丹。也許有朝一日，醫生開給我們的處方，
不再是難以發音的藥物，而是要多看英國電影《情迷四月天》
（Enchanted April）、為鄰居烤些餅乾。

## 善良能帶來快樂、減少沮喪

二〇一四年四月，丹妮卡・珂琳斯（Danica Collins）發表一
篇文章，題為〈善良之舉有益健康〉（The Act of Kindness and Its
Positive Health Benefits）[1]。其指出，許多科學研究發現，行善對
身體免疫系統有正面效果，能促進大腦分泌血清素。血清素是人
體分泌的化學物質，為一種神經傳導物質，具有鎮定及抗焦慮效
果。科學家指出，缺乏血清素會令人鬱鬱寡歡。

實踐善良之舉，有助於提升免疫系統、促進血清素分泌。接
受善舉的人，身體也能同樣受益；更驚人的是，即便只是目睹善

舉，也能夠受惠。

珂琳斯女士的報導主張，善良的好處不僅如此。據文獻記載，經常行善的人，慢性疼痛、壓力、失眠等問題能得到緩解，不僅更為樂觀快樂，自我價值亦能提升。簡直可謂萬靈丹！

## 正面的副作用

自從有意識選擇行善後，我發現幾件饒富興味的事實：變得快樂許多、率直坦蕩，整個人輕盈起來，更充滿自信。除此之外，在我眼裡，身邊的人也變善良了，舉凡陌生人、同事、點頭之交等，個個看起來都更為快活、心胸寬大。難道說，我只是把自身感受投射在他人身上？抑或，善良就像一種傳染病，會透過人際接觸傳染於無形？隨著進一步研究，我發現事實的確如此。

蘇格蘭科學家大衛・漢米爾頓（David R. Hamilton）博士，投入大規模研究，探討善良對健康的益處[2]。報告指出，善良具有五大有益的「副作用」：

1. **善良令人更為快樂：**漢米爾頓博士認為，善良能增加大腦多巴胺的含量，讓人「心情自然變好」。

2. **善良有益心臟：**研究指出，行善能帶來情感上的溫暖，有助於促進大腦及身體分泌催產素荷爾蒙。如此一來，還能刺激血管分泌一氧化氮，幫助血管擴張，降低血壓，具有心臟保護作用。此外，催產素能降低心血管系統的自由基數量，進而減少發炎反應的發生、降低心臟病發機率。

3. **善良能減緩老化：**由於能減少自由基產生、降低發炎反應，人體老化速度也隨之減緩。漢米爾頓博士主張，同情心能增強迷

走神經活動，有助人體調節心率、控制發炎程度。

**4. 善良能增進人際關係：**漢米爾頓博士認為，人際關係和遺傳因子息息相關。他解釋道：「我們演化上的祖先，早已學會相互合作。與團體的情緒連結越緊密，生存機率越高，因此，人類的基因體早已篆刻著『善良基因』」。所以說，善良有助於建立新關係，也能促進既有人際關係。

**5. 善良具有傳染力：**若說感冒和流行性感冒有負面傳染力，善良則有正面傳染力。「行善時，」漢米爾頓說，「能啟發他人發揮善良，因而構成一股漣漪效應，能透過三層關係傳遞，影響我們的朋友的朋友的朋友。」漢米爾頓博士舉了一個漣漪效應的例子：一名匿名人士捐贈腎臟給陌生人，此舉鼓勵家人捐腎的風氣，骨牌效應最終擴及全美，共有十人受惠；這一切追本溯源於一名匿名捐贈者。

漢米爾頓博士進一步發現，發揮善良、同情心時，大腦會隨之改變。他指出，善良之舉「能影響大腦化學作用與結構。善良若變成一種習慣，能大幅改變大腦神經線路。」他表示，這就像學習新技能，譬如彈樂器。只要持續練習，便能帶來化學及結構上的改變，在腦內建構「善良迴路」，行善就會變得越來越自然而然。以好習慣取代壞習慣，以善良取代自私自利，以同理心取代敵意，以感恩取代抱怨。善良是一帖萬靈丹，可不是嗎？

更棒的是，一劑善良的處方，不必附上長達數段、字小如麻的警告標語，也不曾引發噁心感、便祕、腹瀉、皮疹、嗜睡等副作用！若需要操作重型機械，服用後仍可上工。

下次當善良發生，無論你是行善者、受益人，甚或只是目擊

者，都不妨停下腳步，留意你所感受到的種種美好。想一直保有
這種感覺嗎？很簡單。方法再明瞭不過。

## 等一下，好處還有更多

　　善良除對健康有直接益處外，越來越多研究證明，醫療從
業人員若以善良與同理心對待患者，對其健康及療癒將有極大助
益。有研究指出，醫師的性格與面對患者的態度，會影響患者的
幸福感與復原狀況。威斯康辛大學醫學院研究員於報告指出[3]，
同樣是治療感冒病患的醫師，若能表達同理心，病患將能提早一
日痊癒；若僅針對感冒症狀診治，病患則晚一天復原。醫師的同
理心程度，與患者的「白血球介素-8」（IL-8）濃度有直接關聯；
此化學物質能活化免疫系統細胞，抵禦疾病。除這份研究報告外，
近期許多研究都在在證明，善良與同理心，在醫療保健機構有多
麼重要。善良醫師的治療效果尤佳。

　　身為醫師，醫術固然重要，但善良與同理心也同樣至關重要。
二者兼具，才是完善的醫療照護。英國國家健康與照顧卓越研究
院（National Institute for Health and Care Excellence，簡稱 NICE）
院長大衛・斯拉姆（David Haslam）曾於報告指出[4]，對英國國民
保健署（British National Health Service）而言，善良、同情心、
信任是「撐起整個照護體系的梁柱」。他還表示，這三點對於一
個健康照護體系來說，是不可或缺的要件，並非可有可無的加分
項目：「這幾點都是核心價值、缺一不可……對於治療結果有深
遠影響。」

　　史丹佛大學醫學院（Stanford University School of Medicine）

神經外科教授詹姆斯·多提（James Doty）博士表示：「善良、同情心、同理心，對於療癒有極大影響。」[5]其報告指出，心理學、神經科學、經濟學研究皆證實，醫師與病患之間的人際連結，對於改善生理及健康狀況，有舉足輕重的影響。實驗證明，若缺乏此連結，「對免疫功能、傷口癒合有負面影響。」

美國尊嚴健康醫療機構（Dignity Health）特約作家傑弗瑞·楊（Jeffrey Young）[6]，曾引用多筆文獻，說明同情關懷對健康的益處。文中引述的《社會科學與醫療》（Social Science & Medicine）[7]期刊報告指出，醫師若能彬彬有禮、展現同理心，能有效幫助腸躁症患者的緩解症狀、提高生活品質。《加拿大醫學協會期刊》（Canadian Medical Association Journal）[8]所載研究發現，醫生與病患之間的溝通，若能秉持善良、相互尊重的原則，不僅有益患者的情緒健康，病情復原得也越快。另一則研究[9]也指出，具備同理心與聆聽能力的醫師，更能有效幫助病人緩解疼痛。

醫學院培訓醫師的方式，開始有所改變。長久以來，醫生被教導要喜怒不形於色、要展現家長式作風；時下醫學院除強調專業職能外，越來越著重視人際關係技能與同理心的培養。醫師等醫療從業人員的過勞問題，向來十分嚴重，我期盼透過善良、同情心、改善溝通力，不僅對病患有所助益，也能幫助身負重任的醫生舒緩、減輕壓力。

製藥公司在研發下一劑靈藥時，不妨記得，善良或許是最棒的仙丹！

**化善良為行動**：下次，當你感到頭痛欲來，或精神緊繃、疲憊不堪時，可留意周遭是否有機會行善，並關注行善當下有何感受。頭痛是否有所減輕、消失不見？壓力是否得到釋放？同理亦然，若察覺伴侶、朋友、孩子感到沮喪、心情很糟，可試著由衷表達關懷，看看能否幫他們排憂解悶。

印象當中，有沒有一部電影，講述善良終能戰勝一切，只要看這部電影，就足以令你心情變好？有幾部電影我十分熱愛，有些是早期的經典片，譬如《迷離世界》（*Harvey*）（1950）、《風雨血痕》（*Ruggles of Red Gap*）（1935）、《浮生若夢》（*You Can't Take It with You*）（1938）、《富貴浮雲》（*Mr. Deeds Goes to Town*）（1936）。有些較為近期：《情迷四月天》（1991）、《驕傲大聯盟》（*Pride*）（2014）、《夏綠蒂的網》（*Charlotte's Web*）（2006）、《讓愛傳出去》（*Pay It Forward*）（2000）。每個人都有自己鍾愛的電影類型，這點無庸置疑。若你有孩子，不妨參考以下網站的片單，其中電影種類包羅萬象，或能增進孩子對善良的瞭解與認識：*www.commonsensemedia.org/lists/movies-that-inspire-compassion*

你所接觸的醫師等醫療從業人員，若能秉持善良與同理心的態度與你互動，不妨花點時間，謝謝他們的專業照顧及貼心服務。

# 第六節──灰姑娘的魔法變身：
## 善良能減輕社交焦慮症

*「如果你希望別人幸福快樂，必須慈悲。如果你想要幸福快樂，也必須慈悲。」──達賴喇嘛*

想想看，灰姑娘若過於羞怯，不去舞會，結果將會如何？故事情節肯定截然不同，或劇情乏善可陳。神仙教母說要賜予閃閃發光的禮服、玻璃鞋、金色南瓜馬車時，若灰姑娘婉拒，命運將一如既往，被惡毒的繼母、自私自利的同父異母姊妹奴役，整日幹粗活。多年過後，依舊過著疲憊不堪的生活；回想當年，也許後悔莫及：要是那晚，能戰勝恐懼，鼓起勇氣接受，那該有多好。更別談什麼幸福快樂的日子了。

所幸，灰姑娘當時充滿自信，也渴望盛裝打扮，乘著華麗變身的南瓜馬車，來到皇宮，成了舞會上最耀眼的女子。世上看了這部童話的六歲小女生，應該無人不嚮往。

數以千計的人，每天都面臨灰姑娘般的抉擇，只不過場面沒那麼盛大，然而，他們卻選擇退卻，惴慄不安，深陷於社交焦慮。無論是參加派對、認識新朋友，或在教室或會議發言，只要想到社交場合，就會心驚膽戰、嚇得腿軟。如今有解藥了。近期研究發現，*善良能減輕社交焦慮症*。

社交焦慮症不只是害羞。根據美國社交焦慮症協會（Social Anxiety Institute）的說法：「社交焦慮症是指，對於人際互動會心生恐懼、侷促不安，害怕被負面批判，心生退卻……自覺比不

上人、自卑、尷尬、羞辱、鬱鬱寡歡。」[1] 此種狀態，會令患者萎靡不振、孤立無援，難以與人建立親密或緊密的關係。

加拿大西蒙菲莎大學（Simon Fraser University）研究員詹妮弗・特魯（Jennifer Trew）、英屬哥倫比亞大學（University of British Columbia）研究員琳・艾登（Lynn Alden）研究指出[2]，發揮善舉有助於減輕社交焦慮、社交迴避的症狀。

其研究對象為罹患社交焦慮症的大學生，一共分為三組。第一組任務較單純，只要寫日記，把日常經驗及情緒記錄下來；第二組要接觸各形各色的社交情境；第三組則要做善事，為期一個月之內，每週兩天要日行三件善事。善事可以很簡單，如替鄰居家的步道剷雪、捐款給慈善機構、幫室友打掃乾淨。根據該研究定義，善事是：「能為他人帶來助益或快樂的行為，通常自己得有某程度的犧牲。」

研究發現，一個月後，負責行善的第三組參與者，對社交互動的焦慮不安程度，低於其他兩組。

研究者由此推論：「做善事有助於抵銷負面的社會期待，對社交環境能有更正面的感知（與期待）。介入初期，這種狀況便十分常見：參與者行善時，由於期待他人會有正面反應，避免負面社交結果的心理需求自然隨之減少。」

發揮善心時，我們對自己和環境會有更佳感受，對於他人反應與事態發展，也會有更正面的期待。恐懼感於是有所減輕。這是一種向上螺旋。

此外，我在想，實踐善舉時，當下注意力只放在行為或事物本身，無謂的憂慮自然就擺在一旁。上述研究參與者，應有特別害怕的社交情境，該研究雖未進一步深究，但我認為，這些參與

者碰到尤其害怕的情境時，若能試著找尋行善機會，將有助於減輕社交恐懼。做善事能轉移注意力，拋開膽怯與擔憂，不去在意他人批判。簡單易行的善事即可，譬如會議或研討會上，看到形單影隻的與會者，主動表現友好；幫助他人減輕不安的同時，自身焦慮也得以化解。

社交焦慮症令人精疲力竭，大多數人也許沒有這方面的困擾，但這份研究結果，應人人皆適用。舉凡雞尾酒會、公開演說、婚禮、喪禮、約會等，只要有任何社交場合令你不安，都可運用善良的力量。

與各協會、非營利組織多年共事下來，我最恐懼的，莫過於無所不在的雞尾酒會、研討會接待酒會。我想，大家對這些場合非愛即恨。身為內向者，我偏向後者。一對一或團體討論，只要是針對特定主題開會，對我而言不成問題，但光想到要走入人群，與陌生人寒暄閒聊，或主動加入早已對談熱絡的群體，就足以令我緊張得反胃。過去的我，遇到這類場合，選擇稍微露個面，再藉機逃跑。直到後來開始實踐善良，才試著改變角度，重新審視令我避之唯恐不及的雞尾酒會。會場上，和我一樣焦躁不安的人，肯定不在少數。與其庸人自擾，不如找尋和我一樣忐忑不安、獨自站在一旁的人，看看自己能否幫上忙。我開始主動出擊。我們機構某次辦活動，我自願擔任主席；於是，順理成章完成自我介紹，開啟話題也容易得多。我會問大家，這場研討會是否令他們滿意？有無需要改進之處？有沒有特別想認識的人？若對方有想認識的人，而剛好我也認識，或可能間接認識，我會試著幫忙介紹

哇！自從轉移注意力，不再鑽牛角尖於自身不安，主動幫助

他人感到心安，我發現自己煥然一新了。不僅全程待好待滿，並且樂在其中。整場研討會下來，人脈獲得拓展，認識各界人士，更結交不少好友，成為關係密切的職場夥伴。

　　個人實驗結果，與上述社交焦慮症的研究結果不謀而合。與其自尋煩惱，不如找機會實踐善良，或許會發現，原本最令你恐懼的活動環節，其實毫不困難、值得享受其中。也許，我們會是舞會上最耀眼的女子。

　　就像灰姑娘說的：「既然合腳，就穿上吧⋯⋯。」


**化善良為行動：**你若為社交焦慮症所苦，不妨想想看，上述方法要如何付諸實行？未來碰到類似情況時，能否主動發揮小小善舉，來化解不安？參加婚宴或雞尾酒會若令你退避三舍，能否放下心中不安，把注意力轉移到他人身上，發揮同理心？若無社交焦慮症的困擾，則可想想看，置身在商務會議或社交場合時，要如何幫助他人化解擔憂。

# 第七節——人類自找的傳染病

「讓我們學習過善良的一生，學會去愛每一個人，即使他們
不愛我們。」——教宗方濟各（Pope Francis）

每當世上出現大規模選舉，我總盼這一年能有奇蹟出現，候
選人之間能進行公民式的理性對談，名冊上盡是為民著想、充滿
睿智、彬彬有禮的公職人員。但通常首場辯論還未舉行，希望便
再度破滅。令我萬般驚恐的是，候選人常極盡無禮之能事，口出
穢言，行為舉止就像八歲小孩一樣，需要大人在一旁請他們住嘴。

他們可都是不折不扣的成人，但絕大多數都把惡言相向、謊
話連篇、粗俗無理當成標準作業流程。更可悲的是，支持者隨之
起舞，鼓譟慫恿，默許其粗鄙至極的言行。有人主張，政客是我
們自找的，此言恐怕不假。

選舉只是冰山一角，惡名昭彰的例子還有更多。體育賽事上
的敵對紛爭，或新聞刻意掀起仇恨對立，皆屢見不顯。粗野無禮
的行為，猶如傳染病全境擴散。可嘆的是，事實確是如此。

根據佛羅里達大學（University of Florida）研究團隊報告[1]指
出，*無禮具有傳染力*。其擴散力道就像感冒或流行性感冒，人傳
人，直到多數人無法倖免。遭受無禮對待之人，接下來也會無禮
待人；不僅如此，就連置身事外的旁觀者，也容易感染到惡習。

研究指出：「稀鬆平常的負面行為，就像一般感冒，很容易
傳染。」首席研究員崔弗・福克（Trevor Foulk）進一步主張[2]：「感

染極為容易。只要發生單一事件，就算只是旁觀，也可能使人變得無禮……無禮具有傳染力，一旦經歷了，就會變得無禮。」

「問題在於，」他解釋道，「普遍來說，即使這些行為極度有害，我們仍舊過度縱容。」囂張跋扈的辱　毀謗、攻擊挑釁的舉動，相形之下雖較為少見，也較不見容於世，但究其實，無禮的行為舉止天天在我們眼前上演，影響超乎你我想像。

「無禮多半被縱容，」福克認為。「身在組織裡的我們，天天都得經歷無禮行為，只因組織容許這種行徑。」

諸位政壇候選人、特定媒體名人，身上或該貼張警告標語：*特此警告：聽此人說話，可能危及您的人性。*

這項研究發現，也許最令人憂心：這一切，都發生在無意識之間。「我們研究發現，」福克主張，「其傳染的影響力，奠基於一種自動認知機制；所謂自動，指這一切發生在大腦的潛意識，能在不知不覺中運作，想阻止也為能為力。」

難道說，政客或名嘴的言論立場若令人厭惡，我們單純以娛樂、看熱鬧的心態旁觀，難道也會在無形之中「感染」其無禮不成？看來的確如此。

撰有《職場衝突教戰手冊》（The Essential Workplace Conflict Handbook）的人資顧問芭芭拉・米歇爾（Barbara Mitchell），回應了這份研究[3]。她主張，要制止無禮的行為，就要明言規範，這種行為是不容許的。「我認為，應該由高層做起……領導階層表現出何種行為？想營造何種文化？在組織內部是否有以身作則？」也進一步指出，這種負面行為一旦浮現，就得即刻處置。必須在事發當下，讓所有人明確知道，無禮是不被允許的。

該研究雖主要探討職場上的無禮行為，但很顯然，同樣道理

也適用在一般文化情境。我們的領袖人物有怎樣的行為舉止？其價值觀為何？身為該文化的一員，我們又容許何種行為？社群媒體上互動狀態如何？冒犯行為在網路空間氾濫成災，無孔不入，我們是否不斷容忍、助長其聲勢？縮小到更小層面，也確實如此。一個家庭若容許無禮對話，其成員無論在家中或社會上，都較可能魯莽無禮、漠不關心。

若遭受無禮對待，或只是袖手旁觀，都可能導致我們變得無禮。隨著選戰越演越烈、運動賽事冠軍出爐，人們的言行舉止難道不會變得粗俗無禮？難不成我們將永無寧日可言？

若要提倡善良、彬彬有禮的文化，我們必須堅定立場。政客向反對者、異議者或群眾口出惡言，或媒體人、政治名嘴互相欺騙謾罵時，我們必須禮貌地說「不」。必須讓大家知道，無論任何場合，待人傲慢無禮，都是不應該的。我們必須說：「這樣不妥，」對方若不接受，我們轉身就走。唯有這樣，才能遏止傳染。

## 幸好，善良也是會傳染的

所幸，還是有好消息。前文雖然提過了，容我重複一次：眾多研究顯示，善良也像傳染病，能廣為傳播。蘇格蘭科學家大衛・漢米爾頓博士，曾進行大規模研究，探討善良對健康的益處；他主張，善良與感冒、流行性感冒、無禮同樣有傳染力，只不過善良的傳染力是正面的，其餘則是負面的。他形容，善舉具有漣漪效應，能透過三層關係傳遞，進而影響我們的朋友的朋友的朋友。無禮行徑會汙染加害者、被害者、目擊者，善良亦能感染行善者、受惠者、目擊者。無論是發揮善心、接受善舉，或只是目睹善事

發生，結果皆同：善良本身即催化劑，能激發更多善良。

　　看來，要接觸哪一種病毒，端視個人選擇；我們能選擇成為無禮的煽動者，也能選擇當善良的傳播者。要莽撞粗俗的氣氛，抑或恰如其分的禮貌氛圍，皆操之在己。每一次選擇，都會讓世界漸漸變成我們嚮往的模樣。善良大規模傳染正是時候？決定權在你我手中。

**化善良為行動：**（*無論是在媒體、真人秀、日常交際等情境*）*當你看到他人有負面舉動時，不妨思索暴露其中的風險：其「娛樂價值」是否真值得你去觀看？旁觀或經歷這類行為時，要如何抵銷負面效應，以免感染上身？試著以善良作為回應，看看能否將負面傳染病，轉化為正面傳染病。別忘了，你擁有選擇的權利：你能夠設下底線，決定作何反應。善良，能扭轉局勢。*

# 第八節——職場善良

「我們經常以為，組織是『他們』；渾然不知，其實他們就是『我們』。要是期待組織能進化，我們人人都應成為這趟旅程的領頭羊。」——加拿大領導力啟發師藍茲‧薩克里頓（*Lance Secretan*）

多年前，公司一名資深員工退休，名叫瑪格麗特（Margaret）。退休派對上，她說，若要用一個詞來形容我們公司，她會用「善良」二字。還記得我當時心想，除了善良，我確實想不到更好的形容詞了。

喔，我當然也期許自己公司大膽*創新*、*獲利*可觀，但除了這些特質之外，我希望我們都是善良的人。自從聽到她說，善良是本公司金字招牌的那天起，我們不僅有意識地付諸實踐，更以此價值為座右銘。這不代表，從此之後，我們便不再失態。我們畢竟都是凡人，身在業界，總是難免有挑戰善良初衷的時候。

職場上，要一直保持善良，不是件容易的事。有些時候，善良隱而不顯，但倘若善良是根深蒂固的文化，總會有昭然若揭的一天。面試、訓練、糾正、辭退員工時，我們都盡所能發揮同理心與同情心，秉持善良行事。同理亦然，與客戶、廠商洽談，若出現問題有待解決，我們也盡可能找到公平、相互尊重的解決方案。此外，也盡量挑選價值觀相似、同樣以善良為依歸的客戶：犯了錯，不會怪罪在他人頭上，不會為了一己利益，要我們背棄

誠信。

幾年前，辦完一場大型會議後，我們有幾個同事發現，飯店帳單上，少列一大筆餐飲費。客戶的大會主席，要我們同事隱瞞錯誤，把帳單結清了事。然而，我們同事不願昧著良心，未聽從主席指示，向飯店指出錯誤，請他們提供修正後的帳單。主席得知後不太開心，但我們向來對董事會、其他組織領袖誠實以告，也明確表示我們誠信至上，他們也十分認同。我相信經過此事，彼此的合作關係更為穩固，也清楚知道，我們能夠信任彼此，做出正確決策。

因此，我們團隊不僅做了對的事，也充分展現我們的價值觀，成為客戶、其他同事的榜樣。在職場待得越久，我越確信，與價值觀相符的人協力合作，才能獲致成就，這些人也許是你的員工、客戶、供應商或企業夥伴。這些年來，我們不惜痛下決定，與某些客戶斬斷合作關係，多半是因價值觀上有所分歧，或其未能善待我們的員工，或與他人互動有失風度。這些決定，我們不曾後悔，唯獨懊悔一件事：沒能更早痛下決定。

大學畢業後，第一份真正「朝九晚五」的工作情景，至今仍歷歷在目。那是一間出版社，隸屬於某個公開上市的大型控股公司。出版部門規模相對較小，執行長是一名霸凌者。與其說他善於鼓舞人心，不如說是善於威脅恫嚇。在那個年代，這類五花八門的書，總能成功搶下暢銷榜：*威脅致勝，人不為己，天誅地滅*。我十分確信，當時那位執行長肯定挑燈夜戰，埋頭苦讀，處心積慮策畫著，該如何強迫威嚇，才能把編輯與業務團隊玩弄於股掌之上。在那年代，講求的是「利潤至上，不計代價」，就連「鬥個你死我活」也具有正面意涵。當時不少業界領袖，對於善良職

場的概念皆嗤之以鼻、不屑一顧。

「在商言商，善良毫無用武之地，」他們會這麼說。「善良顯得太柔、太軟弱、不堪一擊。」

如今，我們都見識到，事實恰為相反。善待、鼓勵他人，才能幫助他人達到最佳表現。紅蘿蔔絕對比棍子來得有效。《富比士》（Forbes）雜誌特約作家大衛‧威廉斯（David K. Williams）[1]，曾報導加拿大皇后商學院（Queens School of Business）、蓋洛普諮詢公司（Gallup Organization）聯手完成的研究報告，主題為組織心理學。研究結果顯示：「鬥個你死我活的負面環境，會導致員工失去向心力。平均而言，一間公司若工作團隊失去向心力，時間一久，相較於有向心力的公司，獲利會少百分之十六，股價少百分之六十五。」據聞，美國有四分之三的職場欠缺向心力。上述統計數字，值得警惕！

此外，威廉斯引用的研究報告指出，以善良文化著稱的公司，員工績效普遍高出百分之二十，離職率亦少百分之八十七。他提到，這些因素「對於盈虧狀況有極大影響。」人員流動率高，對公司衝擊之大，企業老闆或管理者都了然於胸：財務成本、士氣低落、生產力下滑。他們普遍不知或不解的是，解決這些問題的根本之道，就是善良。

威廉斯進一步闡釋，善良的企業老闆，並非軟弱無能。他們「一樣可以精明幹練、切中要害，不輸那些蠻橫無理、工於心計的老闆。」威廉斯說，善良老闆會這麼做：「不慍不火，表現同理心。」

要成功，就要先當混蛋——這樣的老觀念早已不合時宜。越來越多研究證實，成功的領袖與企業，絕大多數都善於營造這樣

的文化：善良、原諒、信任、尊重、啟發。

回想當年，辦公室距離總部明明有三千哩之遙，頂頭上司一聽到執行長的名字，便嚇得瑟縮發抖；每每執行長辦公室來電，大家恐慌得雞飛狗跳。執行長每年開兩次大會，召集各部門員工，目的就是要創造機會，以一對一或小組形式，狠狠嚇唬員工。他會在同儕面前，貶低斥責、咆哮威懾員工。每當全國性大會一結束，總會掀起一波離職潮，而某一天終於輪到我了。他老是抱怨，公司流動率高。

那間公司，有幾位十分要好的同事。我離職的當下，對他們深感抱歉，卻毫不後悔。離開那間公司，擺脫那位執行長，也脫離了恐懼威脅無所不在的職場文化。

在那工作三年，我並不後悔。我學到很多，認識不計其數的傑出人士，時常出差，也培養了一些專業上的自信。很慶幸，在初入職場的階段，便能學會如何去判斷，自己在職涯人生中，有哪些事物可以接受、哪些無可忍受。當時，我對自己發誓，絕不再為霸凌者工作，也絕不再涉入這樣的文化：毫不重視員工，以威嚇脅迫震攝員工，毫不懂得鼓勵、支持員工。當年的我雖沒明講，但從那天起，求職的首要標準，就是雇主、管理者善不善良。直到後來，自己擔起雇主、管理者的角色，也盡己所能發揮善良、鼓舞人心。或許仍有不夠到位的時候，立意始終不變。

好領袖能提供支持，為下屬賦權增能；並充分體悟到，成為後盾，幫助下屬擁有自信，去面對工作、與同事交往。如此一來，誠如研究顯示，不僅能提高士氣、企業忠誠度，還能提升生產力、創造獲利。

心理學家艾瑪・賽佩拉（Emma Seppälä）曾於研究報告指出，

壓力大、不善良的職場文化，會對組織帶來若干代價[2]，比如流動率較高、員工缺乏向心力、缺席率較高。賽佩拉也研究了相反情境，發現到，富同理心的正面組織文化，能提升顧客服務、生產力、員工向心力及投入度（留才率也較高）；員工較為健康，損益表現亦較佳。

這不代表，職場從此不需批評、糾正、紀律，而是在落實這些措施時，要能語氣堅決、公平無私、懷有同理心，以締造有建設性的正面結果。對方不見得總能給予正面回饋，但也正因如此，我們才有持續學習、進步的空間。身為管理者或領袖，若以為負面回饋要持續不斷，才能鼓舞員工積極進取，那就大錯特錯了。研究顯示，糾正員工時，若能秉持善良與同理心，不僅能提升當事人績效、對雇主的忠誠度，就連旁觀的員工也能同樣獲得啟發。

密西根大學羅斯商學院（the Ross School of Business at the University of Michigan）金姆・卡梅隆（Kim Cameron）、琳恩・伍頓（Lynn Wooten）二名教授主張[3]，正面及負面回饋同樣重要，但若要達到有效激勵，正面回饋的比重可要大得多。其報告指出，以正負面陳述的比率而言，高績效團隊為六比一，低績效團隊則為零點三六比一。

我不禁好奇，撇開職場，生活中任何方面，碰到一句負面評論時，若人人都能以六句正面評論回應之，結果將會如何。我想，世界應會變得更正面，或安靜一些。無論如何，都是往更好的方向邁進。

**化善良為行動**：*想想看，你所待過或理想中的職場，是什麼模樣。是否以善良、尊重為座右銘，並持續落實？待過的工作環境中，你或他人曾否遭受不當對待、侮辱貶損，或得不到支持？感受如何？想想看，有沒有哪些專業（或個人）價值是你不願捨棄？待人處事上，有沒有你想堅持的底線？要樹立這些價值，就必須預先做好決定，確保你清楚知道自己有哪些原則。公司的組織文化，若向來未曾營造或提倡善良風氣，不妨主動以善良為議題，邀請組織上下參與對話。以團隊為出發點，思索看看，一個善良的職場，應該具備什麼模樣、不該有何種言行舉止。討論看看，善良有哪些益處，並集思廣益達成共識，設定目標，共同打造一個善良不只是口號的職場。*

*接下來兩週，不論是職場或個人生活，試著實踐六比一原則：每每說一句負面評論，就要說六句正面評語。對你來說，是否輕而易舉？還是說，要忍住不說尖酸話語，你得咬住嘴唇，就連說好話也得絞盡腦汁？兩週結束後，試著再嘗試兩個禮拜。*

第　　　　　　三　　　　　　章
善　良　人　生　的　入　門　策　略

# 第九節——停頓的力量

「人類的自由，取決於我們能否停頓一下，選擇如何反應，以發揮預期的影響力。」——美國存在主義心理學家羅洛·梅（Rollo May）

不久前，有朋友來做客，不經意發現我房間某面牆上的布告欄，上面釘滿各式各樣的名言佳句，看得入神。令我訝異的是，她突然哭出聲來，從包包掏出一支筆，記下著書無數、納粹大屠殺倖存者維克多·弗蘭克（Viktor Frankl）的這句話：

「刺激與反應之間，存在一個空間。在那空間，我們擁有一股力量，能選擇如何反應。我們的反應方式，決定了我們的成長與自由。」

「這話說得太好了，」她解釋道。「每次想喝酒時，我都該在刺激與反應之間停頓一下。要是能停下來想一想，就不會貪杯了。若不這樣，就會忍不住來一杯。」我知道朋友有參加匿名戒酒會，仍努力與酒癮奮戰。

弗蘭克的名言發人省思，仔細一想，許多地方都適用。不只是酗酒，像飲食過量、抽菸、消費成癮等，任何幾乎不需思考、自然反射的行為，都可套用這句話。成癮或習得反應，都能主宰我們的自由意志。誠如弗蘭克所言，對於這些反射動作，每*拒絕*

屈服一次，我們都能有所成長，也一點一滴重拾寶貴的自由。

弗蘭克的金玉良言，用在善良，也恰到好處。不久前到郵局辦事，看到一名男子按喇叭，抗議某女子的汽車擋道。見她沒立刻開走，又按了一次喇叭，按第三次時，喇叭響得更久更大聲了。

不可否認，有些人確實白目，一輩子改不了。但我在想，若當時他願意停頓一下，說不定會改變反應方式。也許會聳聳肩，看一下錶，說：「反正還有時間。」或簡短按一聲喇叭，提醒對方後面有車，而不是連按三次喇叭，尖銳擾人，挑釁意味十足。

別人對我粗俗無禮、行為不當時，我確實曾出言不遜，也深感內疚。不該被*他人*行為影響。被他人的無禮激怒，有樣學樣，代表我同流合汙。我大可不必如此。我有選擇的權利。畢竟，反擊回去，不僅無濟於事，也無法令我心情變好。

還發現，自己會立刻回嘴（對方通常是我先生），多半因為當下疲憊倦怠、不知所措、缺乏信心，有時，我承認單純只是肚子餓。若能及時停頓一下，說不定就能避免逞口舌之快、事後懊悔不已。此一妙方，有助於維持關係和諧。適時停頓一下，自我調適，恢復到理想狀態。停頓的藝術，我們得一學再學，反覆琢磨，直到內化為本能反射動作。

母親總耳提面命，生氣時，要先停下來，數到十；這話非常有道理。這就是停頓的力量。有些話該說，有些話無須出口。脫口而出前，若能停下來思考，通常能避免口舌是非。

扶輪社果然有先見之明。作為服務性組織，國際扶輪社旨在推廣人權，範圍擴及全球。其建議社員，當下若不確定該不該開口或行動時，先思考四道問題，再決定如何反應：

• 這是真的嗎？

- 對所有關係人來說，是否公平？
- 能否增進親善與友誼？
- 能否對所有關係人帶來助益？

　　若有一個答案為否，最好保持緘默。扶輪社員真是聰明。政客不妨多向他們學習。

　　暫停不難，力量卻不可小覷。藉由適度延遲，容許自己思考一下：做某番舉動，是否真能如願達到預期結果？有些時候，按下暫停鍵，幫助我們意識到，只要保持停頓，不必開口，不必行動，才是最佳因應之道。藉由停頓，便能展現為人風度。

　　有些時候，不妨停下來，對自己展現風度吧——學習感謝自己。下一次，無論行善、接受善意，或只是目睹善行時，不妨駐足，留意當下體會到的種種美好感受。透過停頓，能幫助我們體悟善良有多重要，進而堅決信念，踏上實踐善良之路。

　　停頓的力量，好比美國第二大壩——胡佛水壩。威力無窮。停頓，能促成相互理解，忍住傷人的話，使心靈免於受創。與其當下立刻反擊回嘴，不如給自己時間，暫停一下，想想看，你期許接下來的反應引發何種效果。簡單之舉，將帶來極大轉變。短短一瞬間的停頓，可能全然改變你的反應方式；說不定你會發現，毫無反應才是上策。停頓，*總是*助我一臂之力，化險為夷。

　　停頓，並非一片空白。其藏有無與倫比的潛力與成長空間。只消那麼一剎那，我們便能選擇：要如何展現最好的自己，下一步當如何應變。

**化善良為行動**：*記憶中，是否有過如下經驗：反應前，若能停頓一下，也許會有更好的結果？有沒有哪些特定情境，最容易導致反應失當或出口傷人？比如疲憊不堪、驚慌失措之時？碰到這些情況，若能及時停頓下來，能否化解危機？不妨設立目標，下次被踩到底線時，停頓一下。經歷或目睹善舉時，也可停頓一下，留意自己有何感受。*

# 第十節——延遲批判，就是一種善良

「做人要善良。每一位與你相遇的人，都扛著沉重的包袱。」
——蘇格蘭神學家伊恩・麥拉倫（Ian MacLaren）

當我不夠善良，通常不會以行動表現出來，而是藏在心裡。比起不善良的*舉動*，我更常有不善良的*想法*。以我來說，不善良的念頭，似乎總起於最枝微末節的尋常小事；針對的人，多半是人生軌道上來了又去的匆匆過客——誰又何嘗不是呢？

所以說，有什麼大不了的？思考能自我控制。看到他人行為不夠體貼時，我們在腦海妄自評價、以不雅字眼批評，此時傷害到的是誰？不是別人，正是自己：負面思考習慣會逐漸強化。說不定，對方正盡力克服難關，而我卻光憑猜測、胡亂論斷，急著與對方劃清界線。回想起來，我深感慚愧。暗自在心裡批評，殊不知，若能更有耐性、善解人意，情況也許會有改善。心裡的念頭，十分重要。

我和丈夫常逛的超市，經常人滿為患，偶爾會碰到結帳人潮很多的情況。由於走道狹窄，不只一次，轉過走道，發現有顧客站在走道間，忙著講手機，絲毫不顧自己的購物車打斜、霸占走道，不僅害我們拿不到醃漬酸黃瓜，另一頭的客人也被擋住去路。

「不好意思，」我說，但他沒聽見。我乾脆直接幫他擺好購物車，空出走道。他瞪我一眼，繼續講手機。於是，*我開始妄自批判了*。怎會有人這麼不替人著想？但或許，不是他不懂得替人

著想，也許只是沒留神（這麼想，有稍微好一點……誰沒有過），說不定，是家裡有突發狀況，得忙著處理（否則也不必在超市講手機）。多往好處想吧。

還有一次，在我們前面結帳的女子，購物車塞得快要滿出來。她看著收銀員掃描商品、分袋裝好，好不容易結帳完畢，聽到總額，才翻出錢包，取出折價券。好吧，折價券誰不會用，只不過我們會事先拿在手上。收銀員逐一掃描折價券，唸出折扣後的金額。只見該女子又撈了撈超大容量的手提包，取出支票簿，振筆直書。我和丈夫面面相覷，翻了翻白眼。於是，我又擅自批判他人了。說真的，難道不能趁店員結帳時，就開始填寫支票嗎？這樣的話，最後只要再填入金額就好了。真不會替人著想。

我應學著放下正義魔人的一面，多往好處想。她只不過耽擱大家九十秒，我真有必要為此生悶氣？不，沒必要。見到惱人的行為，能否不放進心裡，試著看到對方好的一面？說不定，她有和收銀員目光接觸、說些好話，也許還順便幫忙沒空來超市的鄰居補貨。說不定……

說不定，這些人確實自私自利，只為自己著想，行為舉止不容寬恕。但批判他人，會顯得自己更了不起嗎？我想，大概只有假裝正義的自我滿足罷了。從中學到一件事：實踐善良，令人真正滿足。

對我來說，開車時，腦海也容易孳生不善良的念頭。看到缺乏教養的人在車陣裡狂奔穿梭，或前方休旅車上交流道後，在暢行無阻的高速公路口猛一剎車……不善良的想法立刻湧現。*我開始妄下批判了*。我不是愛咒罵或對駕駛爆粗口的人。對那些令人髮指的駕駛，我通常用「老兄」來稱呼男性，用「女士」來稱呼

女性，譬如：「這位女士，您在趕什麼？」或「拜託，老兄，您的車有低速檔吧。」跟那些動不動就按喇叭、比粗俗手勢的開車族相比，我應該勉強算有風度，但也好不到哪去。我經常讓別人超車，而當別人也容許我超車時，我總會揮揮手，用嘴型說「謝謝你」。撇開這些，開車時的我，善良表現算是乏善可陳。

延遲批判很難，但實踐善良，是不可或缺的第一步。已故美國作家史蒂芬・柯維（Stephen Covey）曾分享一則故事[1]來說明，人們的批判有時可能大錯特錯，一旦得知他人行為背後的原因，想法將截然不同。柯維搭地鐵時，一名男子帶著小孩，小孩不斷鬧脾氣，在車廂跑來跑去，嘶吼亂叫，丟擲東西，乘客不堪其擾。最後，柯維終於忍耐不住，怒氣沖沖告誡這名男子，他的小孩打擾到其他乘客，請他務必好好管教管教。

男子滿懷歉意，解釋：「我們剛離開醫院，孩子的媽一個鐘頭前過世，我腦袋一片混亂，我想孩子們也還不知道如何面對這個事實。」

想當然，柯維知情後，想法有了一百八十度轉變，不僅立刻怒氣全消，內心滿是擔憂與同情。

有些時候，生活中不如意的事，確實其來有自：他人不夠善解人意、舉止蠻橫粗鄙，或共事的人自認高高在上，對人頤指氣使。有些時候，惱人的事情背後，或許有所苦衷，一旦釐清，便能多點體諒、少些怒氣。不知情時，我們通常擅自解讀，徒增苦惱，多多少少從中獲得一種優越感。倘若多替別人想一想，不妄下批判，又將會如何？即使解讀錯誤，當下能否選擇和平、發揮同理心，而非胡亂定罪？

假使今天過得不順心，導致言行舉止不小心有失分寸，我會

盼望對方延遲批判，別以為我一向如此魯莽。寬以待人，就是一種善良。

　　批判他人的習慣不易戒除，但若能破除這種習慣，能為生活帶來多點快樂與平靜。每當察覺到自己批判他人行為、外表、言語，不妨捫心自問：「真有必要這樣嗎？我會比較心平氣和嗎？」繼而選擇要如何反應。

**化善良為行動**：*想想看，有哪些情境，最容易出現不善良的想法。是開車途中、逛超市、與家人相處，還是遇到前所未有、令你備感威脅的情況？哪些時候，最容易妄下批判？下次碰到類似狀況，或與一群人共處時，試著專注在批判本身。你不必自我批判，只需靜靜觀察，問問自己，你所做的批判，多半為善良或苛刻？這些批判，能否讓你心情雀躍、心滿意足？若否，試著放下這些念頭。對於這些批判，練習坦誠以對，並對它們說：「不用了，謝謝你。我並不需要，你可以走了。」這需要練習，總有一天你會發現，內心批判一切操之在己。*

# 第十一節——善良與打分數

　　「善良是一種發自內心的渴望，只求行善，不求回報。這是一種人生的喜悅。由衷渴望行善時，我們的所思所想、一言一行、心心念念，都與善良相互輝映。」——瑞典哲學家伊曼紐·史威登堡（Emanuel Swedenborg）

　　想知道如何一秒讓人際關係變得了無生趣？你可知道，生日或假期可是黃金時段？方法很簡單：每逢機會，就要打分數。每一次送禮物，或收到回禮時，都要詳細紀錄。若對方有回禮，評估哪一方送的禮物更珍貴。對於這段關係，誰付出更多時間精力，都要一一記錄下來。上次電話是誰打的？上次喝咖啡由誰付帳？洗碗機上一回由誰收拾？上次搞浪漫的是哪一方……？這場付出大對決中，誰遙遙領先，誰瞠乎其後，你必須永保警覺。如此一來，絕對足以令你焦慮不安，屢試不爽。

　　某次參加商務會議午宴，無意間聽到同桌人的聊天內容。一名剛認識不久的女性，聊起幾年前自己成立一套電子歸檔系統，追蹤聖誕卡的流進流出，語氣充滿自豪。

　　她大談特談，這套程式經過精心設計，搭配資料庫，詳載姓名、地址，還附上試算表。「聖誕卡寄送名單上的每一個人，都會記錄在資料庫裡；每收到一張卡片，我就會在試算表上記錄。對方只有單純在卡片上簽名、套用制式的祝賀內容，還是說有用心寫問候話語，都可以從資料庫看出來。假期結束後，我會檢視

清單，沒寄卡片的人會被我刪除，明年就收不到我的卡片了。」

還記得當時，我赫然發現，原來自己的強迫症沒什麼。當下很慶幸自己只是那名女子的點頭之交；我可不想成為試算表上的追蹤名單。老實說，我沒有寄聖誕卡的習慣，自然沒有榮幸被她列入黑名單。與這樣的人交朋友，我不認為會是件愉快的事。

那段談話，偶而會浮現心頭，仔細想想，其中最令我不舒服的，就是打分數。

打分數有多重要，體育迷最清楚不過。運動員收入動輒數百萬美元，靠的可不是在場上漫無目的亂跑、跟同等身價的人胡鬧嬉戲。他們能領高薪，靠的正是廝殺競爭，拔得頭籌方能加薪。

拼字遊戲也是一樣，若開始講好不記分，或許就沒樂趣可言了。設立目標是好事，良性競爭能讓比賽趣味橫生。

但人際關係中不該競爭；除非人人皆贏，否則全是輸家。

善良的核心意義在於，發揮善舉，不該求回報；行善追求的，是一種發自內心的快樂，知道自己能夠表現出最好、最高貴的一面。等確定對方有價值、達到心目中的標準時，才肯實踐善良，又怎能表現出最良善的自我？

我想，某程度上，我們多多少少都會打分數。以一對伴侶來說，某方或許負責洗碗，另一方負責洗衣服。在一段友誼中，我們總盡力做到最好，希望雙方付出是平衡的。但如有一方在大腦（用電腦更糟）建立試算表，問題就大了。

沒人想被利用，友誼也該有來有往，但人際關係不是三言兩語可道盡的，無法武斷劃分為：「上次電話是我打的，這次該換他了，」或「上次在我們家招待，這次該輪他們了。」他人也許生活中出了狀況，難以立刻有所回報，這些我們永遠無從得知。

也許有人生病、剛好手頭緊，或家家有本難念的經，我們不得而知。解讀眼前情況時，若能多替別人想一想，也是善良之舉。

一段關係若明顯不平衡，只有單方面一味付出，另一方予取予求，這段關係能否真帶來快樂或滿足，確實啟人疑竇。如覺得走不下去、毅然決然斬斷關係，都十分合理。發揮善良，不代表你要耳根子軟、容易上鉤。善良與慷慨，是一股力量，而非弱點。

打分數，真能讓人過得更開心？人際關係裡，一旦開始打分數，所有喜悅立刻煙消雲散。友誼變成責任，得隨時隨地停下來，確認誰付出較多、這次該由誰買單。

為他人付出，便已足夠。付出，不帶條件，不求回報。我們必須放下內心的磅秤，別再時時刻刻比較「我一分，她零分」。

隨著年紀漸長，我發現自己亟欲減輕負累，生命中太過擁擠的事物，不如斷捨離。腦袋中的負擔，也想慢慢減輕：放下不快的念頭，不再斤斤計較，拋開無所不在的磅秤，不去介意這次該輪到誰。神奇的是，原本埋怨憤恨、失望沮喪的情緒，也會隨之一掃而空。

與人交往若習慣評比記分，無論對方是配偶、至交、同事，甚或只是聖誕卡寄送清單上可有可無的朋友，人際互動上錙銖必較的習性，要如何改正？任何習慣要改變，都並非易事，但我發現，若能關注在自身收穫，比如和平、快樂、行善所帶來的喜悅，打分數的習慣自然而然會一步步改正，也就有更多時間，對擁有的一切表達感激。

**化善良為行動：**生活當中，你會為哪些方面打分數？放下斤斤計較的心態，多替別人著想，會不會令你更加快樂？想想看，腦海中是否承載著積怨憤恨？這些宿怨若能放下，你會不會開心一點，或輕鬆一些？不論是何種人際關係，你更重視心境平和，還是分毫不差的對等？有些時候，魚與熊掌難以兼得。

# 第十二節——「用善良逼退改變奧客」：母親給我的教訓

*「即使喜好難以自控，善良的力量人人皆有。」──英國文豪塞繆爾‧詹森（Samuel Johnson）*

如前所述，自小從母親身上學到，要做一個好人。母親與人來往，總是小心翼翼，若有人邀她積極參與活動，譬如女童軍總會、校園杯子蛋糕日、共乘汽車出遊，她總想盡辦法逃避。我們的社區很小，位在郊區，母親善盡照顧兩小的責任，除此之外，極少主動為別人付出。不過，大多時候，母親確實是好人。

說到善良，就有些差強人意了；某些情境下，我親眼目睹母親的言行舉止不夠善良，甚至到令人吃驚的地步，彷彿對方要求過多，或意圖打探隱私。她會使個眼色、回一句話，甚至掉頭就走，讓對方打退堂鼓。現在回想起來，我相信對母親來說，比起與人建立深入、有意義的關係，母親更重視與人保持距離。這樣安全得多。某程度而言，作為女兒的我，似乎承襲了小心翼翼的風格。也基於自知之明，我試著擺脫這樣戰戰兢兢的心態，努力從好人變成善良的人。

讀高中時，母親在大型醫療機構擔任接待及排班人員。她曾告訴我，碰到莽撞無禮、不耐煩的人，她會使出絕招，讓對方態度大為轉變，而方法就是「用善良逼退奧客」。對方皺起眉頭，她便露出燦爛微笑；對方話中充滿敵意，她就會表現得善解人意、富有同情心。此外，還會搭配其他方法，譬如倒杯水、讚美對方、

交談時多多提到他們的名字等。母親說，這些人離開後，多半會再順道來櫃臺一趟，感謝她的善意，有時甚至為剛剛的失態向她道歉。

當初聽母親說起這件事時，我深感意外。描述中的母親，與我認知中的母親，簡直判若兩人。她費盡心思表現友善、熱心助人的一面，我曾否見過？我當時問，那些人既然對她如此不禮貌，卻還要做好人，不會很累嗎？

她回答：「不會，我把它當成遊戲。面對無禮的人，要是能和顏悅色，就代表我贏了。如果能發揮影響力，改變他們的行為，代表我更勝一籌。」母親挖空心思、釋出善意的做法，令我有些坐立難安；把這件事看成「遊戲」，讓我聯想到早上時，母親總愛配著咖啡玩填字、找字遊戲。不過既然最終發揮了善良，總還是有些功勞。善良偽裝久了，說不定有朝一日，也能蛻變為真心誠意的善良。

會突然想起母親這番話，是有原因的。有一次，受協會客戶委託，與幾個公司同事合辦為期四天的大型會議。大會第二天，有個團隊成員跑來找我，問我能否幫忙跟某名女子溝通一下，從報到日起，不斷給我們同事添困擾。從飯店停車場、與會費用、大會手冊內容複雜，到走去廁所的距離，抱怨個沒完沒了，總之沒一樣合她心意。如今，她想參加兩場分組座談，卻恰巧落在同一時段，只能擇一參加，於是又惹她不開心了。

朝她走去時，腦海浮現母親的絕招，不妨姑且一試吧。簡單自我介紹後，詢問有沒有能幫忙之處，她說這場大會令人失望透頂，顯然沒規劃好。想參加的兩場座談，竟被安排在同一時段。她問，怎麼會這樣？座談能不能再辦一次，這樣她兩場都能參加

了？又繼續追問，如果不能再辦一次，我們能不能所有座談都錄音，如此一來，參加不了的場次，就有錄音檔能聽了？

對於她的無奈沮喪，盡力表現同理之餘，也解釋為何她的建議合情合理，大會卻難以照辦。大多時候，我只是靜靜聆聽，任她宣洩種種不滿。直到她離去、參加座談，才總算鬆了口氣，卻仍感到任務尚未達成。幫對方消解一些怒氣，還遠遠不夠。排解負面情緒之外，我更想實質上幫到忙。剛才表現的善良，總感覺有些偽裝、矯揉造作，究竟還能做些什麼？

說來也巧，她無法參加的場次，正好是我略懂又感興趣的主題。於是，我向同事確認，接下來一小時若沒有我，他們是否應付得過來。確認過後，我走向那場座談的會議室，取了兩份講義，坐下來聆聽。

座談結束後，我走出會議室，找尋那位同事與志工口中的「死老太婆」。

看她獨自坐在窗邊的椅子上，我問能否坐她身旁。她應付式地點點頭。我取出座談會講義，說道，我剛有去這場座談，有些重點覺得不錯，樂意與她分享。只見她兩眼睜大，停頓半晌，興致盎然地接過講義。我拿出筆記，分享講者一些觸動人心的觀點。她面色有些羞赧，問我願不願與她分享筆記。我看了看自己字跡潦草的筆記，眼光移向她。「如果妳看得懂我的筆記，當然歡迎。我去影印一份，午餐過後，我會放在報到櫃臺給妳。」

她道了謝，不熱切，卻真心誠意；針對那場座談，又問了我幾道問題。大功告成，我當時心想。

接下來的大會，再沒人抱怨那位「死老太婆」。她有幾次來找我聊，有次午宴還與我同桌。她坦言是頭一次參加如此盛大的

會議，與會人數、場次之多，令她有些不知所措。我想起人生首次參加大會，同樣焦慮不安，很能感同身受。原來她有這般行為，是出於恐懼。瞭解後，對她的看法也隨之轉變。

不禁好奇，倘若每個人走路時，腦袋上都浮現對話框，顯示當下處境，譬如「我很害怕」、「剛跟女友分手」、「下一步該怎麼走，我毫無頭緒」、「我絕不要看起來像笨蛋」等，人與人之間會不會善良一點。下次遇到怒氣沖沖、難以相處的人時，試著想像他們的對話框寫些什麼。下次若有衝動，想用言語或行為攻擊對方時，不妨想想看，你的內心對話框寫著什麼。試著別被恐懼支配你的情緒。

**化善良為行動**：*生活周遭，是否有些人總是一副氣呼呼、牢騷滿腹的樣子？有沒有特別難搞之人，讓你避之唯恐不及？下次碰到他們，何不嘗試以善良改變他們：留意他們是否感到恐懼或不安；想想看，換成是你，你可能作何感受？在別人的生命中，你是否令人疲於應付？坦白點，沒關係……你不必把答案告訴任何人。若自己曾是那位「死老太婆」，想想當時有何難言之隱；脾氣發洩完，是否真令你感到心平氣和。當你備感壓力、疲憊、威脅時，腦袋上顯示的對話框，會寫些什麼呢？*

A Year of Living Kindly

# 第十三節——慢下腳步，處處留心： 發掘生活中的善良

　　「愛，不代表要有非凡或英雄之舉。它意味著，平凡小事上要懂得溫柔以對。」——加拿大神學家范尼雲（Jean Vanier）

　　本書沒有一定的閱讀方式。或當作每週的善良冥想；或在不同情境下分批閱讀；或*隨時隨地*，心血來潮，拿來翻讀亦可。任何對你有效的法子，就是最有效的方式。

　　但願你能每隔一段時間，停下來思考：讀到了哪些內容？哪些已付諸實踐且游刃有餘？哪些仍令你手足無措？想想生活周遭的種種善良。是否處處留心皆善良？是否發現，有許許多多機會擺在眼前，值得你發揮善心，對象可以是他人，也可以是你自己？

　　練習善良的那年，我每季都會做一份「成績單」，評估自己的進步與缺失。現在回想起來，以此方式來衡量達標狀況，似乎不是最善良的做法（幾位追蹤部落格的朋友，也深有同感）不過，這麼做仍有好處：可時時提醒自己不忘初衷，留意生活中有哪些方面，善良已落地生根，哪些地方經常力有未逮。一來慶祝自己有所成長，一來反省窒礙難行之處。你也不妨這麼做……當然，方法可以善良一點。

　　讀到這裡，你有什麼想法？閱讀過程中，是否激發了一些靈感？哪些內容特別令你有所共鳴？哪些時候，你會對自己喊道：「啊哈！」、「就是這樣！」，甚或是「嗯嗯」？開車、商店人擠人、出外旅遊、趕時間……對你來說，哪些是善良最難以發揮

的危險時刻？你容易對誰表示善意？誰令你招架不住？誰總是踩到你的底線？

面對一些看似無禮、不體貼的行為時，你是否容易妄下批判？碰到類似情況時，你曾否試著換個角度來看事情？

你的善良「雷達」，如今或許火力全開，身邊的善良與不善良，都逃不過你的法眼。這種覺察，就是前進的關鍵。減少批判他人的同時，也要避免批判自己。你已經盡力了。也要懂得自我肯定：你付出了善意，也加入善良的行列，一起讓世界變得更美好。

為接下來幾週設定目標吧。還是要踏實點。我們不可能轉眼就成為下一位德蕾莎修女，但不妨想想看，生活中有哪些方面，可以再多付出一點點善良？碰到這些情況時，你能否：

・在其他駕駛想超車時，放開油門？有駕駛讓道給你時，揮手致謝？

・碰到其他客人擋住走道、煲電話粥，或結帳時支票開老半天時，多替別人想一想？

・面對他人的無禮時，設身處地替對方著想：也許他只是碰到不熟悉、前所未有的狀況，深感恐懼？

・幫另一半或同事洗碗時，不帶怨氣，不抱怨他們怎麼沒自己清理乾淨？

・練習停頓的力量？感覺被中傷，或準備加入八卦閒聊、訕笑他人時，能否選擇閉口不說？稍停一會兒，試著替別人著想，或思索看看，有沒有更能化解衝突的回應方式？

・不再計較誰付出較多、誰欠誰，和平至上？

・提醒自己，善良有益健康，好處多多？善良不求回報，但

若能刻意練習善良，以正面思考取代負面思考，健康狀況將能有
所改善。

　　‧社交場合令你坐立不安時，轉移注意力，幫助別人減輕不
安？

　　‧留意自己想傳播或感染什麼「病菌」，並清楚知道，善良
與不善良，同樣具傳染力？

　　‧見識到職場上善良的力量，藉由同理心與鼓勵，激勵士
氣，提高生產力及效率？

　　你還有哪些實踐善良的點子？今天的你，打算採取哪些行
動？

第 二 部 分 ｜ 瞭 解 的 季 節

第 一 章

善 良 之 途 阻 礙 重 重

# 第十四節——當恐懼阻礙了善良

「別害怕。一輩子追求善良、精神生活，基本上即勇敢無畏的一生——勇於付出所有、勇於付出自己。」——美國牧師韋恩·繆勒

實踐善良之路上，難免有重重阻礙；最大障礙，也許是恐懼。有些時候，行善猶如冒險，光想到要走入人群，對方反應無法預料，就足以讓行善的衝動壓抑殆盡。想從事的善舉，也許吃力不討好，也許遭人誤會，甚至被拒絕。按兵不動，才是安全之舉。

幾年前，有次去華盛頓特區參加會議。一連串會議結束後，與同事走去餐廳用晚餐。人行道上，一名年輕男子攔住我們，問有沒有零錢能夠幫幫忙。我掏出錢包，塞給他幾張一元美鈔。他拿了錢就走了，我們也繼續往前。

接下來，一整路上，甚至邊吃晚餐，朋友都不停斥責我，說我不該亂給人錢。她說，那名男子說不定只是好吃懶做，不事生產，靠乞討敲詐謀生，唯有觀光客、像我這樣容易心軟的人才會上鉤。她說，我怎知道，他是真需要幫忙，還是純粹討錢去吸毒酗酒？甚至說，我隨便在路上撒錢，只會讓問題更嚴重。若他真需要幫忙，何不去找社工機構。還說，我這人就是太好說話、容易上當。朋友震怒的樣子，著實嚇到我了。平常為人十分和善，何況還是白衣天使！當下雖試著捍衛立場，但我從頭到尾，都感到十分汗顏。令我汗顏的，不是施捨錢財這件事，而是我竟像個

小學生一樣，被人數落責罵。回飯店路上，的確有可能再次碰到攔路乞討，甚至是同一名男子，兩手空空，故技重施；不過現實是，我們再沒遇到這名男子。

有些懊惱的是，我必須承認，從那晚起，只要身邊有伴，無論是朋友、丈夫、同事，我都很少再施捨錢財。就怕華盛頓特區那天遭人喝斥的尷尬場面再度重演。善良被恐懼掣肘，並不值得驕傲。我試著在某程度上合理化自己的行為：獨自一人時，就可以施捨，因為我有充分自由，停下腳步，與對方聊上幾句話，不必趕時間，不必擔心會耽誤同行友人。只因害怕被責備，害怕尷尬困窘；這也算是種合理化。

恐懼會阻礙行善，也可能促使人們有不善良之舉。還記得前文所述，大會上滿腹牢騷的與會者「死老太婆」的例子嗎？大致上來說，她會怒氣沖沖、抱怨連連，可歸咎於恐懼：對她來說，大會場面前所未見，令人驚慌失措。一旦接受善意、坦承焦慮，不客氣的言行舉止便大幅減少。

我發現，在自己或他人身上看到不善良之舉，追根究柢，通常都來自於恐懼：害怕被批判、害怕被拒絕、害怕未知數、害怕做得不夠周全、害怕自己顯得脆弱或笨拙。我們會心生恐懼，多半是自尊心備受威脅，或自我形象受到衝擊：也許我們自認游刃有餘、堅強不屈、精明能幹、受人歡迎。一旦遭受動搖，我們通常會予以攻擊或反擊。

有些時候，若有人對我們不夠善良，倘使能解讀對方純粹出於恐懼，那麼，要原諒對方、以善良作為回應，似乎就沒這麼困難了；如此一來，也就能避免回嘴，防止衝突越演越烈。

## 一體兩面

人們常說，面對恐懼的最佳辦法是捫心自問：「最糟狀況是什麼？」假使情況再糟糕，也不至於慘遭火刑或無期徒刑，不妨進一步評估自己能否辦到。想想看，發揮善良之時，可能引發何種最糟狀況？

· 可能會很尷尬。但我能夠解決——*反正總有一天還是得面對*。

· 可能被拒絕。但我能克服；*這一向難不倒我*。

· 可能做得不夠好（先不論是什麼事）。*好吧，學習就是這樣——很少人能一次「到位」，如果連試都不肯試……*

· 在別人眼中，我可能顯得愚蠢笨拙、軟弱無能。*好吧，妄自批判他人對嗎？擅自批判他人既然不對，錯不在我*。

· 也許會流露出脆弱的一面。*好吧，那也不壞，不是嗎？表現出脆弱的一面，能讓人敞開心扉、有所成長*。

我認為，練習問自己：「最糟狀況是什麼？」這招相關管用。不過，凡事都有一體兩面。反問自己另一道問題，更為重要：「*最佳狀況是什麼？*」從這角度來思考，你打算如何行動：發揮善良，可能產生何種最佳狀況？

· 他人或許能因為我，開懷一些，讓原本低潮的一天好過些。

· 我或許能與老朋友感情更緊密，或結交新朋友。

· 我的一言一行，或能成為臨門一腳，激發他人發揮善舉。

· 他人或許會表示感激。

- 在他人眼中，我或許是有愛心、同理心或智慧的人。
- 我也許會對自身價值觀、言行舉止更有信心。
- 我或能因此克服某種恐懼，成為理想中更好的自己。
- 說不定，我能夠改變世界。

上述最後一點，聽來像在說大話，但善舉能在哪方面形成漣漪效應、影響有多深遠，誰也說不準。我們發揮的小小善行，或許能構成一股助力，激勵對方把善良傳遞下去。一旦對方實踐善良，效果不難想見。置身絕望深淵的人，也許打算有自毀行為，可能因他人看似微不足道的小小善舉，也許是一張表示善意的小字條、一句窩心的話，或一個小動作，而打消念頭⋯⋯類似故事不勝枚舉，你我都聽聞過。與人交往，若能抱著這股神聖感，時時留意自己的一言一行，謹記人人皆有潛力讓世界變得更加美好，又會如何？我認為，多想想*最佳狀況是什麼*，是克服恐懼的最佳辦法，如此一來，我們才能無所畏懼，勇於善待他人、善待自己。

此外，唯有關注*最佳*狀況，而非*最糟*情況，才能把注意力放在願景上：要多思考理想狀況，而非一味去設想最糟情況。我們無意識的內在能量，將與世界同心協力、達成所願。看事情的角度、處世原則，都必須有所改變。也許並不容易，卻值得一試。總歸一句，最糟狀況是什麼？最佳狀況又是什麼？


**化善良為行動：** *想想看，你曾否親身經歷、目睹不善良之舉？該事件是否起因於恐懼？你是否有過這類狀況：心生恐懼或自尊心*

受威脅，於是採取不善良的回應方式？因猶豫不決，收回善心？
還記得當時自己害怕什麼嗎？下一次，恐懼成為絆腳石時，坦然
以對，問問自己，最糟情況會是什麼？最佳狀況又會是什麼？重
點放在最佳狀況就對了！

# 第十五節——沒時間發揮善良

「我們會成為所愛的樣子。付出時間心力的東西，無論是什麼，日復一日，都終將塑造我們的樣子。」——美國牧師韋恩·繆勒

對現代人來說，最珍貴的資源莫過於時間。人人都有二十四小時，但對絕大多數人來說，時間永遠不夠用，想做的事卻多如牛毛。時間既然寶貴，要再挪出時間發揮善心，似乎難如登天。

更有甚者，比起金錢，現代人似乎更重視時間。多份員工問卷調查顯示，比起追求高薪，生活平衡更為重要。不少非營利組織發現，招募志工日漸困難；社會價值觀告訴大家，時間永遠不夠用，而既然時間有限，寧可多陪伴家人。於是，比起有力出力，大家寧願有錢捐錢。貢獻己力能拖則拖，遲遲未有行動，儼然得到合理化的藉口：以後再投入不遲，等孩子大了，等工作沒這麼忙了，等退休再說……

時間調配攸關一連串重要抉擇。面對多不勝數的責任與選項，我們得不斷精挑細選。誠如美國當代作家安妮·迪勒（Annie Dillard）所說：「我們每天怎麼過，勢必會決定這一生怎麼過。」

依此來說，調配時間之際，我們是否有騰出時間行善？若列為優先事項，抽出時間行善理所當然；如視之為可有可無、非下意識的舉動，一旦發生其他耗時耗力的雜事，便可能將善良擱在一邊。

發揮善心，是需要預留時間的：

 ・我們需預留時間，停下腳步，好好思索，怎樣才是善良的回應方式。

 ・我們需預留時間，騰出空檔，真心誠意與人交談；即使可能拖延到既定行程，也要樂於伸出援手。

 ・發揮耐性，是要預留時間的；看到他人做事笨手笨腳、犯錯失策，要允許他人從錯中學，別試著插手干涉，別示範「怎樣做才對」，也別直接替他們解決。

 ・我們要騰出時間，摸摸口袋，看看有沒有零錢；說不定，少少的錢，就能幫助他人度過煎熬的一天。看著對方，說上一句善良的話。

 ・善待自己，也是需要時間的；得停下來，好好思索，當下我們最需要的是什麼？或許是慢下腳步、散步遛達、放鬆一下……

　　人生職涯中，曾經有個階段，每週工時多達六十五到七十五小時，工作外的生活乏善可陳。回想當年，自己時常與行善機會擦身而過。為他人留張字條、繞路去挑小禮物贈人、邀朋友共進午餐、烤點心送鄰居……這些舉動花不了太多時間，對當時的我來說，都顯得過於奢侈，就怕錦上添花。於是，我經常白白送走發揮善意的機會，不去思考自己錯過了什麼。

　　身旁有幾位朋友、同事，即使工作量與當年的我不相上下，卻依然抽出時間、發揮善心。能夠把善良視為優先事項，令我肅然起敬。多好的榜樣啊。他們正是所謂本性善良的人。行善對他

們來說，或許根本沒立定志向的必要，更不必耗時思索善良本質是什麼；善良猶如呼吸，是一種不假思索、與生俱來的行為。

有時間才行善，並非真正的善良。善良是一種生活態度，反映我們如何取捨。美國牧師羅伯特・科林・莫里斯（Robert Corin Morris）這句名言，十分發人省思：「生活方式，本身即一種精神上的追尋：不多不少，過猶不及。」

減少工作量後，發現自己更能提高警覺，留意過去有多少機會被我白白送走，也意識到，過去那段人生，若能騰出時間行善，或許恰符合當時所需——善良令人精神百倍、知足常樂。事後諸葛，總能獲得林林總總的寶貴教訓，何樂而不為？以發揮善良來說，*好*時機也許千載難逢，*適合*的時機卻俯拾即是。

假設日程表再擠進一件事，就會令你崩潰爆炸、癱成一團，你依然可以這麼做：確保目前種種例行公事均能合乎善良，不論大小事皆然。比方說，寫紙條給孩子的老師、處理繁雜的事務或專案、身兼二職、照顧家裡的長輩時，皆可盡力做到善良。不妨把善良當作天天佩戴的飾品，成為你在人人眼中的招牌特色。

善良之路，障礙重重，不過我漸漸發現，一旦善良成為出於本能的自然反應，再大阻礙都能一一克服。一旦善良變成不假思索的行為，就不必再三提醒自己要停下來、參與其中、與人連結。偶而會有時間不夠用的時候，但我天天提醒自己，騰出時間行善，才能賦予人生意義。「預留時間行善」十分重要：有空才行善，並非真正的善良。*善良必須成為待人處世的準則*。唯有如此，我們才能徹徹底底成為善良的人。

**化善良為行動**：你常因為事情太多、時間不夠用，感到壓力龐大嗎？曾否因感到時間匱乏，而錯過發揮善心的機會？回想當時，若騰出時間行善，是否真會帶來不便，還是說，行善如荒漠之泉，能讓你精神為之一振、提升自我肯定？能否想像，為自己預留一些時間，把行善列為生活中的優先事項？說不定你早已這麼做了。倘若你發現，醒來的時間已被家人、職場、教育、社交及社區活動與義務給霸占——姑且不論你是否覺得開心、富有意義——你能否懷著一顆善良的心，去面對這些人事物？不妨在日常行程表中，將善良列入待辦事項。譬如每週日下午，花個半小時，寫些紙條給久違的親朋好友。可定期捐血，或依據個人理念，投入志工活動。別忘了善待自己。與家人共進晚餐時，可計畫下個週末，大家如何一同從事善舉。騰出時間行善，絕不會令你後悔莫及。

# 第十六節——我才沒這個耐性！

*「當你越瞭解自己，看待別人時，也會更有耐性。」*——德裔美籍發展心理學家艾瑞克‧艾瑞克森（Erik Erikson）

我們家附近的超市，有時會特別在收銀臺貼告示：「收銀員新手上路」。言下之意：「*如果您趕時間，請勿在此排隊。*」許多人會刻意避開這些櫃臺。畢竟，大多數人都沒耐心等候。對菜鳥收銀員來說，找商品條碼煞費工夫，每樣農產品條碼可能都得東翻西找；手忙腳亂中將商品裝袋；收銀機色帶該換了，急忙向領班求救。過去的我，也會避開這些結帳隊伍。直到某一天，靈光乍現：說不定給新手收銀員結帳，也能成就一樁小小善事。只要發揮耐性，對菜鳥收銀員而言，便是莫大鼓舞。於是，我採取了行動。綻放微笑，說：「你慢慢來。」

收銀員若因耽擱時間，面露緊張或連聲抱歉，我會這麼說：「我不急，你做得很好。」商品裝好，準備離開時，我會說：「謝謝你！你做得真好！」這時，收銀員會嶄露笑顏，後方結帳的客人，也會受到感染、承繼使命，發揮耐性、實踐善良。

時間不夠，可能構成善良的阻礙，也可能導致你缺乏耐心。兩者息息相關，卻也稍有不同。

我向來不是特別有耐性的人。開會時，我希望發言者能講重點。閱讀時，經常略過好幾段天花亂墜的描述，迫不急待看接下來的動作或對話。若有人讓我等很久，我會坐立不安，生起悶氣。

但我發現，一旦聚精會神、實踐善良，會變得較有耐心，待人處事的觀點也會截然轉變。

會感到不耐煩，通常是覺得時間不夠，沒空閒聊、沒空被人耽擱。再怎麼說，每個人的生活中，充斥著諸般責任、工作期程、必要活動，久而久之，讓人時常焦慮不安，趕赴下一場任務，就怕耽擱了時間。眼看時光一點一滴流逝，要保持善良優先，恐怕難上加難。

趕時間之餘，若還要預留時間，說幾句善良的話、主動伸出援手、竭盡所能付出，只會令我們腳步更加緩慢。只會落後更加嚴重。有些時候，我們甚至感覺到，越趕時間，似乎就有越多事情串通起來，與我們作對：在郵局排隊，偏偏排到最慢的隊伍；前面駕駛堅持開慢速檔；聽點頭之交滔滔不絕聊起為狗狗織毛衣，挑毛線的過程多麼煞費苦心。天哪！我才沒有時間跟你耗！只要表現得心不在焉，對方應該會明白我的暗示……我可是大忙人！

我們究竟在趕些什麼？好吧，通常是工作，開不完的會，待辦事項又添一樁、永無做完之日。有多少人當真肩負重任、行程塞爆，實在擠不出一點時間行善？若真如此，問題又出在哪？假設我們真是無可取代、行程滿檔，也視為理所當然，造就這種生活型態的，究竟是誰——自己、他人，或其實根本不存在？

若能改變觀點，又將如何？倘若不再為工作失去耐性，倘若善良就是我們的首要工作，又會產生什麼轉變？

善良若是不可忽視的首要工作，在超市結帳排隊，等待前方的人翻找支票簿、問收銀員蘆筍價位多少時，不就更能從容自得？限速四十五哩時，前方車輛慢條斯理以二十五英哩爬行時，不就更能心情放鬆？聽十五分鐘的「來電答鈴」、等待客服專員

上線時，不就更能好整以暇？聽鄰居一頭熱分享所好時，不就能更有耐心？*視為己任，就容易得多。*

有些時候，就算有*美國時間*，我們仍對當下處境感到難以忍受。

看到他人無法像我們一樣，迅速熟練解決問題時，也容易失去耐性。儘管時間寬裕，也可能難以容忍，不願付出耐心或善意。坦白從寬：我很晚才學會綁鞋帶，而且是*非常晚*。朋友多半在四、五歲就學會了，而我直到七歲仍不太會綁。並非不想學，而是父母很早就發現，教我不容易，直接替我綁還比較快，或乾脆買不用綁鞋帶的款式給我。追根究柢，我們全家都是右撇子，只有我是左撇子。任憑他們怎麼示範，我的雙手就是不聽使喚。他們也嘗試當左撇子，最後仍宣告失敗。算了，直接幫孩子把鞋帶綁好，打發出門。

後來，父母因緣際會認識一名左撇子，請他教我怎麼綁鞋帶。還好對方有點耐心，示範幾次後，我輕輕鬆鬆學會了。皆大歡喜的是，從那天起，我開始自己綁鞋帶，直到數十年後的今天，依然如此。

有些事情，實在令人興趣缺缺、提不起勁，耐性就得派上用場了。

小孩滿腔熱血訴說自己多愛恐龍、對各種恐龍如數家珍；另一半滔滔不決解釋量子力學、波粒二象性（沒錯，我丈夫就是）。翻白眼、直盯手錶，絕非善良的回應方式。我們要興致盎然，洗耳恭聽。他們所講的，即使你聽不懂、難以產生共鳴，也要肯定其熱誠、鼓勵他們從事興趣。藉由分享，說話者能更充分理解複雜觀念；透過豎耳傾聽，聽者就算有聽沒懂、意興闌珊，仍能幫

助說話者累積知識、加強概念。最起碼，我們願騰出時間，讓對方暢所欲言、分享心得；不費吹灰之力，效果極佳！

重點在於，不論時間充裕與否，教與學，同樣需要耐性。為人表率的家長、教師、管理者，都深知放手有多重要。要容許學習者犯錯失誤、自己慢慢思考，千萬不能打斷干涉、示範「怎麼做才對」，更不能替他們解決。丈夫比爾是數學及科學老師，教導孩童的過程中，耐性與善良顯露無遺。這樣解釋聽不懂，就換一套方式闡述，或提出切中核心的問題，直到學生能舉一反三為止。從不催促學生或面露厭煩，只在乎學生能否心領神會、知識能否*內化*。

有些時候，我們衝上前去幫忙、插手干涉、把問題*糾正過來*，殊不知，這種自認善良、幫助他人的行為，實際上可能剝奪對方的信心。靜靜待在一旁，等他們自行釐清頭緒，或重新換個角度來解釋概念，或心甘情願為某人示範第十遍，也許才是真正善良的回應方法。或給人空間，允許對方以自己的步伐，把問題弄個明白。這些回應方式，都需要耐心。身為雇主的我，曾三番兩次對自己說：與其耗時間教員工怎麼做、等他們把事情做好，還不如自己來。然而我漸漸領悟到，發揮耐心，不僅能幫助員工變得更幹練，自己的工作量也得以減輕。只要我們願意留些時間，尋尋覓覓，必能發現耐性好處多多。

先有耐性，才能善良；先有善良，方有耐性。若能將善良視為己任，教導孩子、為新進員工教育訓練時，就更容易付出耐心，也更容易避免打斷他人、插手解決問題，否則只會阻礙他人表現的機會、錯失人生成長路上寶貴的一課。

**化善良為行動**：*你是否因缺乏耐性，不願停下來付出一點時間與關懷，總是與善良擦肩而過？若把善良列為優先事項，看待日程表的角度會否有所改變？你曾否插手別人的案子，或凡事主導干涉，只因不願浪費時間，枯等孩子、伴侶、員工、同事嫻熟一項必要技巧？若將實踐善良、發揮耐性視為己任、首要工作，你會否改變回應方式？也試著想想自己的身體語言：你曾否翻白眼、偷瞄手錶、掏出手機？如今既然重新認識了耐性的重要，你打算從何開始實踐？如何實踐？*

# 第十七節——其他善良阻礙

「我想，既然人生只有一次。凡是有任何機會，對他人施展善良、做點好事，我會毫不猶豫去做，不拖延耽擱，不視而不見，畢竟人生旅程不會重來一次。」——英國拓荒者威廉·佩恩（William Penn）

探索善良的漫漫長路上，我發現某些事物會反覆出現。常有鼓舞人心的正向力量，也常有難以跨越的障礙。不妨慢下腳步，釐清自己會遇到哪些障礙；如此一來，不僅有助於避開阻礙，還能預擬策略，攻無不克。先前我們已討論過，恐懼、時間壓力、失去耐性皆可能構成阻礙，接著就來談談，還有哪些其他因素，皆不利我們展現最好的一面——

## 懶惰與惰性

發揮善舉，有時確實不需耗費過多精力（如微笑、讚美、替人開門），但許多情況下，仍要竭盡所能付出，譬如不怕麻煩，站起身來，甚至踏出安全區域。一般來說，跨出第一步最為關鍵，接著只要隨心之所向、任善良盡情發揮即可。不過，既然踏出第一步最難，就要想方設法去克服。

### 漠不關心

漠不關心是善良的反義詞，對實踐善良生活會構成阻礙。總是作壁上觀的人，無法發揮善心。只願聳聳肩、嘆道「這不是我的問題」，也不可能善良。漠不關心可能是種保護機制，令人免於強烈情緒、免於關懷他人，如此一來，毫無行動就變得理所當然。置身事外或許輕鬆，但要善良，就得停止旁觀者的心態，全心擁抱人生。

### 自以為是

可悲的是，在許多自命不凡的人眼裡，善良可有可無，視情況而定，且取決於對方的社會地位。對店員或無家可歸的人善良，還不如對權貴善良，因為他們說不定能拉你一把，或讓你自覺拉風。老愛插隊，霸占身障者專用車位，只為少走幾步……都是自以為不可一世，值得享有更豐沛、上乘的待遇。一味期待別人對自己善良，卻從未想過，人與人之間是互相的。選擇性的善良，不是善良，而是投機。遇到任何人、任何機會，都不忘付出，才是所謂的善良。

### 視而不見

老是對周遭事物視而不見，很容易錯過行善的大好機會。可能忽略後方有人，而未能順手替對方開門；可能忽略到，有人買東西快要扛不動了，亟需有人幫個忙；可能未留意到，有孩子受

到驚嚇或感到難過。大多時候，科技都凌駕於人際連結，以至於我們經常埋頭滑手機，對周遭人事物不以為意，而錯過各式各樣發揮舉手之勞的機會。甚至連自我照顧的需求，都選擇視而不見。渾然不知，照顧他人之前，得先讓自己養足精神、煥然一新。生活要留心留意，對周遭要抱持關注；說比做容易，卻是善良人生不可或缺的一環。

### 習慣

當有人開口請求協助，請我們撥點時間，或施捨一兩美元好撐過一天，習慣說不的人，要改口很難。當然，我們不可能對任何人事物皆有求必應，但無論如何，都要做出有意識的選擇，而非想都不想、草草了事。容我再說一次，要實踐善良的生活，就得時時保持覺察狀態。

### 疲憊

研究顯示，過勞狀態下，較容易發生意外，感到無比壓力，學習與創造力都會隨之遞減。不僅如此，還更可能犯下不道德、不善良之舉。生活中，若已行程滿檔，還要塞進更多待辦事項，許多人會選擇犧牲睡眠，忽視睡眠對健康有重大益處、是補足精神體力的必要日常需求。美國人向來以睡眠不足著稱。每天新聞上不斷搬演著五花八門的脫序行為，總令我懷疑，究竟其中有多少事件，事發時雙方疲憊不堪，未能在當下做出最佳決策。根據個人經驗，比起睡眠充足、精神奕奕的狀態，在我困倦至極時，

較難如常發揮善良。昏昏欲睡時，雖不至於有過分不善良之舉，但確實較容易動怒，平白送走行善機會。我只是太累了。換句話說，我只是沒去多想，草草了事。無論如何，沒精打采時，要打起精神行善，確實較困難。隨年紀漸長，我越來越重視睡眠品質，把寢具布置得溫暖舒適，無形間也幫助我與人為善。

另一種疲勞，也可能構成善良的阻礙。過度關懷他人所導致的壓力，可能形成同情疲勞。隨時隨地得照顧幫助他人，時時發揮同理心，久而久之，常會令人陷入極度勞累的狀態。因此，專業及一般居家照護者都得知道，偶而必須退一步，甚至抽離出來，好好照顧自己。對某些人來說，這點很難做到。害怕自己顯得自私自利，怕遭人妄下批判。但誠如達賴喇嘛的建言：「為了大家好……別忘要適時抽身，恢復體力。眼光要放長遠，這點非常重要。」除此之外，精疲力竭時，不妨換個角度來看待付出：我們是為了發揮善良、服務他人，別把付出看成一件燃燒自己、照亮別人的任務。自我犧牲，太過沉重。

經常被接二連三的負面新聞疲勞轟炸，也會構成同情疲勞，只是較不顯見。新聞成天播報犯罪、貧窮、壓迫、恐怖主義、企業瀆職、粗俗無禮的事件，倘若我們不假思索收看，不用多久，就會心生絕望，甚至失去希望，不再盼望世上有善良的容身之地。再過一陣子，聽聞又有一樁射殺事件，又有政客出言不遜，又有小孩飢餓困頓……我們變得無動於衷。誠如達賴喇嘛所建議，看事情時應把眼光放遠；換言之，要好好照顧自己，方法有很多，比如戒掉新聞、出去散步、打給朋友、上電影院，有時或許是善待自己的絕佳方式。

善良之路難免窒礙重重。時時留意生活周遭有哪些行善阻

礙，能幫助我們避開障礙、一一克服。


**化善良為行動**：*以上純屬個人經驗分享，但我想，阻礙善良的因素，或許大多人皆有同感。有沒有哪些阻礙是上面未提到的？錯過行善機會時，是否基於上述障礙，或另有原因？想想看，實踐善良的路上，要如何提高警覺，辨識各種阻礙？發現這些阻礙時，要如何逐一克服？不妨積極思考，下次遇到阻礙、難以發揮自己最好的一面時，又該如何回應？也可計畫一下，若能跨越障礙、為世上需要幫助的人發揮善良，要給自己怎樣的小小獎勵？若仍欠缺靈感，記得每天要睡飽（以絕大多數人來說，要睡滿七到八小時），維持兩週，看看自己有何改變。也不妨預先計畫：以往他人開口請求幫忙時，你想都沒想、直接拒絕，下次碰到類似狀況，你將改口答應，並真心誠意付出。*

第二章　良善

抗　拒

# 第十八節——拒絕善良

「我們很難分毫不差地理解他人，能掌握的唯有自己如何批判。」——美國暢銷作家布萊恩特・麥吉爾（Bryant McGill）

我不喜歡被拒絕。任誰都不喜歡，對吧？有一天，同事心情不佳，臉上堆滿不悅，說話措辭尖銳，不僅我受害，其他幾個同辦公室的人也受牽連。那就來發揮善良吧。我敲敲她的隔間，問道：「妳還好吧？妳看起來好像心情不好，有什麼我可以幫上忙的嗎？」

她瞟了我一眼，眼神透露著痛苦，回答：「有。別煩我。」

哎喲！我舉起雙手，往後退。還有什麼我該說或做的嗎？不知道。我想，當時自己或許顯得十分笨拙。試著付出善良，遭人拒絕，感受固然不佳，但起碼我試過了。下次主動幫忙她之前，我會猶豫一下。

當善意遭人拒絕，可能令你沮喪困惑。出於好意幫助他人，卻遭斷然拒絕。有些時候，甚至會遭對方抨擊斥責。我們哪裡做錯了嗎？是不是自己哪裡言行不當，有失分寸？

如此一來，下次發揮善心時，就會猶豫不決，害怕被人拒絕或訕笑。善良胎死腹中。

與團隊共事，或一對一的情況下，我經常分享一句格言：我們要多往好處想。簡單易行，效果強大。時時刻刻放在心裡，最好不過！

《西雅圖時報》（Seattle Times）有個每日專欄，叫做〈抱怨與讚美〉（Rant and Rave），邀請讀者分享日常生活中，與人交往時，碰過哪些好與壞的行為、友善或交惡的互動。從這些小短文可發現，為多數人讚揚誇獎的，是親身經歷或目睹的慷慨、善良之舉，鼓舞人心，感人肺腑，散發人性光輝，讓人心生嚮往。舉例來說：「*我兒子有發育障礙，謝謝男子西服店的員工，讓他能順利參加夢寐以求的畢業舞會，也謝謝老師的幫忙，這一切才能美夢成真。那一晚，他將終身難忘！*」

　　另一方面，引發抱怨的，幾乎是漫不經心、粗俗無禮、肆無忌憚的行為或狀況。有一則抱怨令我印象深刻：「*我要抱怨一名福斯汽車的駕駛，他透過玻璃窗比中指、用嘴型說髒話，然後加速開走，但我之所以敲他車窗，只是要提醒他輪胎快沒氣了。*」

　　那名駕駛為何做此反應，沒人知道。或許是受到驚嚇、大吃一驚，或尷尬難堪。或以為自己做了壞事，被人逮個正著。或那天過得糟透了，又被敲車窗，實在忍無可忍（倘若真是如此，晚一點赫然發現輪胎沒氣，心情恐怕也好不起來）。可悲的是，看到陌生人有出乎預料的舉動，有些人竟會在第一時間採取攻擊反應。更可悲的是，那位敲車窗的人，下次若碰到類似狀況，可能會三思而後行。

　　紅燈轉綠，駕駛未能察覺，遭後方車輛按喇叭，從而引起道路暴力事件，我們肯定時有耳聞。對方按喇叭提醒，是出於善意，開車駛過十字路口時，只要揮手致意即可。然而，許多時候引來的，卻是怒氣沖沖、比劃手勢，甚至亮出武器。

　　因此，我們常常過分小心。曾見過大排長龍的車輛，耐心等候前方渾然不覺的駕駛，而白白錯過兩次綠燈。（我住西雅圖，

這裡的人多半頗有禮貌）有次碰到類似狀況，親眼看見一名男子，選擇不按喇叭，而是很有禮貌地敲敲前方駕駛的車窗。即使出於好意，對方卻回以惡意手勢，眼看綠燈轉黃，加速駛離，輪胎發出尖銳刺耳的聲響。我相信，那名駕駛是感到難堪，但憑什麼出於難堪，便胡亂發洩脾氣？

受惠於別人的善意時，我們或許覺得，被對方發現自己脆弱無助、需要幫忙，是一件難堪羞愧的事。發揮善良的一方，也可能因不確定對方會作何反應──也許會表示感激、拒絕、滿頭困惑，或緘默不語──而感到難堪。我承認有些時候，確實因害怕對方的反應，選擇不行善：不想引人側目，害怕被同伴數落，害怕幫助的對象會有出人意表的反應。有幾次，自己未能秉持初衷，掏出錢包，伸出援手，說幾句由衷表示關懷的話，事後想起仍十分懊悔。有些時候，我會把自己的沉默以對歸咎於害羞，回過頭來，我發現這只是藉口。多半時候，我是怕陷入難堪的處境。

尷尬難堪，是人人皆有過的經驗。我們畢竟都是凡人，會有拉鍊沒拉、牙縫塞花椰菜、失言的時候。在所難免。誰沒發生過。要千方百計避免難堪，不就要離群索居、膽顫心驚過一輩子？在我來看，萬一碰到尷尬的處境，最理想的回應方式，就是優雅以對。再怎麼說，碰到任何事情，展現優雅的一面，不都是最佳對策？

但願那位敲福斯汽車車窗的熱心人士，下次碰到想好意提醒陌生人的情況時，不會因此打消念頭。

此外，我也期許大家（當然更包括我自己），在別人對我們伸出援手時，能學習優雅以對。

**化善良為行動：**想想看，自己曾否在別人表示善意時，因覺得難堪或沒安全感，或感到脆弱無助，而拒絕別人？把當時狀況重新演繹，試著接受對方的善意。感受如何？結局會不會有所不同？當時處境會否有所改變？也試著回想，你曾否打算行善，後來卻斷了念頭？又是什麼原因呢？恐懼、難堪、漠不關心、害羞……？重新設想情境，留意自己行善當下有何感受，受惠者得到了什麼幫助、如何回應？想想看，下次有機會行善或接受善意時，你會作何反應？

# 第十九節——接受善良

*「任何財產，都比不上一個懂得表達、接受善意的朋友。」*
*——希臘悲劇詩人索福克里斯（Sophocles）*

即便我們擁有的資源，不足以隨心所欲為他人付出，欣然接受的能力，卻是人人皆有。聽來容易，實踐起來無比困難。想想看，有多少次他人試著為你付出，卻遭受拒絕；也許你認為對方負擔不起，也許你認為自己承受不起，也許只是當下不知所措，基於本能反應回絕罷了。可能是禮物不合你意，可能你不想欠人情。或者，你改不了憤世嫉俗的習慣，心裡暗想：*其中必有詐吧？*

被你拒絕後，對方顯得心情愉悅，還是失望沮喪？回想當時，若選擇欣然接受、說聲「謝謝」，雙方會不會開心些，互動更自在舒坦？

莎拉・考夫曼（Sarah Kaufman）的著作《凝視優雅：細說端詳優雅的美好本質、姿態與日常》（The Art of Grace: On Moving Well Through Life）[1] 十分發人省思。書中提供如下建議：「要做一個容易取悅的人。樂於接受讚美。搭公車若有人讓位，請欣然接受，全心擁抱任何迎面而來的善意吧。這是一種仁慈，也是給他人最好的回報。讓別人有機會表現優雅，也是一種付出。」

付出是愉快的。對於朋友、點頭之交、甚至陌生人，我們卻老是婉拒、不善接受，不讓對方享受付出的喜悅與滿足。

他人的付出，不見得是物質上的。對於他人言語上的付出，

我們多常不屑一顧,拒絕其讚美?外表受到善意稱讚時,我們多常急著否認:「才不呢,我難看極了!頭髮亂糟糟,體重還要減十磅。你瞧,這件襯衫還掉了個扣子。」你真以為,對方誇讚我們,是想聽我們一一細數身上的缺點?對此,我嚴重懷疑。

若這麼回答,會不會好一些:「你人真好,」或「謝謝你的讚美,我好開心!」

戴爾·特納博士在所撰的《不完美的選擇》(Imperfect Alternatives)一書中[2],提到自己曾因拒絕被稱讚,遭到朋友喝斥:「有人給你言語上的讚美時,別否定或輕蔑對方的話;這些讚美,都是對方的付出。就算自認配不上這些讚美,也要欣然接受……讚美既然是一種付出,就不該不屑一顧,除非你想傷害為你付出的人。」

他人讚許我們的成就時,我們也常試著輕描淡寫,拒絕接受,譬如回道:「才沒有,這沒什麼特別。每個人都做得到。我只是僥倖。」好似在說:*這沒什麼了不起,你這笨蛋;難道看不出來我其實超級無能、笨手笨腳?*分享成果,是件開心雀躍的事,更是一種善良(也是得體的表現);全面否定自己的成就,對雙方都沒好處。

「謝謝你,能有這樣的結果,我也很開心,」或「沒錯!我們團隊棒透了!」若能改口這麼說,是不是好多了呢?

大多數人不善於接受讚美,思考這個問題時,我發現比起男性,女性問題要大得多。稱讚男生穿新西裝很好看時,你可聽過對方回你「這件顯得臀圍很大」嗎?恐怕不曾。

與我有互動的男性,工作上多半都很樂於接受讚美。或應該這麼說,他們很期待被人讚美……也不啻為一件好事。大多數女

性則自小被耳提面命、耳濡目染，做人要不露鋒芒。母親教導我們為人要謙遜。老師鼓勵我們要謙虛待人、要有分寸。甚至還常聽到這句話：謙卑之人將繼承大地。

或許，只要改變回應方式，就更容易接受他人的付出與讚美。與其擔心自己配不上、顯得狂妄或占人便宜，不如轉移注意力，別聚焦在自己身上，多替付出者著想，思索要如何回應，才最讓對方開心。想想看，要如何發揮善良，優雅接受對方的付出。

**化善良為行動**：*設定目標，擁抱迎面而來的善良吧，無論是言語或行動，都要欣然接受、由衷表示感激。想想看，上次接受讚美是什麼時候？是工作表現、外表，還是付出的努力得到讚揚呢？你當時如何回應？當時的反應，是否讓稱讚你的人心生喜悅？下次受到讚揚時，不論是哪一方面，都要欣然接受。別提出異議。別輕描淡寫。別故作謙虛。不妨立定志向，接下來二十一天，被稱讚時，都要懷著感恩的心，欣然接受，觀察自己有何感受？此外，也試著發自內心讚美別人；多多留意周遭，發現他人表現不錯、努力值得肯定時，要主動開口讚許。畢竟，恰如其分的讚美，誰不喜歡？*

# 第二十節——從善待自己做起

「照顧好自己，絕非自私之舉；我只是善盡自己唯一的天賦，也是人生在世，唯一能奉獻他人的天職。仔細聆聽真我，滿足其所需，為的不是自己，而是為了我們生活周遭、許許多多的人。」
——美國教育家帕克·巴默爾（Parker Palmer）

發揮善心造福他人，或欣然接受他人的善意，有個重要前提。對你最重要的人，你是否有好好善待？而那人，就是自己。

答案簡單明瞭，但我們雖與自己朝夕相處、呼吸同樣空氣，卻多常沒好好善待自己？有時，我們對自己殘忍至極；有時，我們對自己漠不關心、冷眼旁觀。

在此，舉一個大家熟悉的例子，搭飛機時，肯定都會聽到廣播：「若發生艙壓消失的狀況，氧氣罩會自動從置物櫃落下……請務必自己戴上後，再幫別人戴上。」

這段話，我們聽過上千遍，不只從親切可掬的空服員口中聽到，勵志演說家在巡迴演講時也常常提起。沒錯，這個例子家喻戶曉、陳腔濫調，但請回溯到最早的語境：不論你是不是幼童，若需要旁人協助戴氧氣罩，你會希望伸出援手的，是呼吸和緩、充滿信心、綽綽有餘、能一起共度難關的人，還是眼球充血、隨時可能昏厥的烈士？

地球上的情境也一樣。我發現，伸手救援的人，如情緒穩定、信心十足、發自內心關懷他人，要接受其善意，似乎較無負擔；

若對方已自身難保卻義不容辭，你則會感到負擔。另一方面，發揮善心時，若對方樂於接受，行善起來較為輕鬆；對方如果自認承受不起，則較為困難。

善待自己，沒有一套方法放諸四海皆準。對某些人來說有效，不見得對其他人有效。以下僅試舉數例。

### 分辨何時說好、何時說不

對自己說「好」，往往也意味著，要適時對別人說「不」。過度為他人付出，會掏空自己、無力為自己付出。因此，必須找對方法，補充能量、恢復體力。擅長跑步的人都知道，控制速度很重要。同樣地，打算採取自毀行為，或忙得團團轉、快要喘不過氣來的時候，我們必須對自己溫柔說「不」，允許自己脫離困境。

### 改變自我對話

有多少狠話，我們只對自己說，對他人則閉口不提？我們罵自己傻瓜、笨手笨腳、醜八怪、死胖子。稍有失誤，就批評自己。好事臨頭時，告訴自己配不上；壞事上門時，卻告訴自己活該。不經意照照鏡子，發現今天的自己格外性感迷人，便會開始雞蛋裡挑骨頭：*瞧這頭髮亂得像什麼似的，都可以用趕牛棒來梳一梳了！*我們必須提高警覺，時時察覺自我言語虐待的行為，並立即改正：*親愛的，你看起來迷人極了！來，讓大家看看你有多美！*

找到自我滿足的方法

照顧自己的方法，不一而足，因人而異：閱讀、運動、洗泡泡浴、親近大自然、聽聽音樂、寫作、溜狗、撫摸貓咪、搞浪漫、旅行、游泳、打網球、冥想、與友相伴、獨處等。以上只試舉幾例。你又如何滿足自我呢？有哪些方法能提振精神、恢復體力？每個人都要找到方法，並身體力行、養成習慣。如果連自己都不能好好照顧自己，誰又能呢？

## 釐清底線

對我來說，底線與價值觀十分雷同。朋友林恩（Lynn）把價值觀比喻為「預先做好的決策」。我認為底線也一樣。二者同樣是分界線，告訴自己什麼該做、什麼不該做，與人互動時該如何表現、不該如何。同樣有內外兩面。透過外在底線，能保護自己的空間、情緒、信念、財物不被侵略。藉由內在底線，則有助我們掌握時間、情緒、衝動。如缺乏明確底線，可能導致自我損耗：過度取悅服務他人、幫人收拾殘局、任人辱罵毀謗、對別人的批評照單全收、行程滿檔導致身心俱疲、替別人扛起重擔等。學習劃清並堅守底線，是善待自己極為重要的一環。

## 原諒

世上，誰不曾犯下愚蠢至極、不經大腦的錯誤？現在我總算明白，若陷入懊悔、自我譴責的無盡循環，對誰都毫無益處……這樣的重擔，令人生畏。這不代表要忽略過錯，而是要從中學得

教訓、原諒自己，並且放下。一句出處不詳的名言，說得甚好：
*過去犯下的錯誤，是要指引你，不是要定義你。*

## 小確幸

這與觸發自我滿足的方法有些類似。第一次聽聞「小確幸」的概念，是從趨勢觀察家費絲·波普康（Faith Popcorn）口中 1。她提到，人人都值得享受「負擔得起的奢侈品」，看似不足掛齒，不超出預算，卻能輕而易舉消除壓力，且效果當下立見。市面上，星巴克象徵小確幸的形象，儼然已深入人心：來一杯焦糖瑪奇朵、印度奶茶、香氣四溢的衣索比亞配方豆，便能滿足我們當下立即所需。小確幸唾手可得：一片手工黑巧克力；一本娛樂性十足、平常捨不得花五美元買來看的雜誌。或逛逛博物館、給人按摩、來一份班傑利冰淇淋（Ben and Jerry）。或買本期盼已久、終於發行的暢銷書，不必等上數月、向圖書館借閱。你鍾愛的小確幸是什麼呢？

達賴喇嘛曾說：「為了大家好……別忘要適時抽身，恢復體力。眼光要放長遠，這點非常重要。」建議真好。

若要真心誠意為他人付出、接受善意，首先必須善待自己。認同自我價值，是最大的挑戰。記憶中，或許父母或老師曾告訴你，無論任何時候，優先考慮自己，都是自私自利的行為；現在請對它充耳不聞。自私與無私是截然對立的，我們必須有所折衷；要釐清，哪些時候要優先看待自身需求，哪些時候該以他人需求為重，又有哪些時候，我們該*義不容辭*擱下個人需求、全心全意滿足他人的需求。

A Year of Living Kindly

某些人照顧自己的程度，確實可能流於自私自利、只在乎自己；過於極端，毫無益處。一個只顧著談自己、對別人毫不感興趣，或年過八歲，卻仍以為全宇宙繞著他運轉……與這些人相處，多沒意思。生活周遭難免有這種人，與他們相處，確實累人。我們改變不了他人，但既然要善待自己，起碼可盡量避免與之為伍。

阻礙我們善待自己的原因，通常與阻礙我們善待他人的因素相仿：沒時間、害怕恐懼、疲憊不堪、冷眼旁觀、視而不見……。

誠如達賴喇嘛建議，我們應從長遠的角度來看同理心。而長遠之計，便是從善待自己開始，進而照亮別人。如不能定期讓自己恢復能量，不僅無力對他人伸出援手，更無法為浩瀚世界貢獻一己之力。

**化善良為行動：**一般而言，你的自我對話是正面或負面？沉思或自我對話時，不妨練習多給自己一點鼓勵或同情。如有雜音說你不配，請試著不予理會。有哪些東西能帶給你滿足？有哪些是不可或缺的小確幸？你如何善待自己？是否心裡充滿懊悔，至今走不出來，以致身心俱疲、毫無益處？專注在它們帶給你的教訓，表達感激，然後放下。此刻的你，有沒有善待自己的最佳辦法？阻礙又是什麼？

# 第二十一節——善良永不嫌小

*「大多時候，微不足道的善良、得體、關愛之舉，就是你能力所及的偉大之舉。」*——美國政治人物柯瑞‧布克（*Cory Booker*）

你曾否認為，某件善事無關緊要，於是平白送走行善的大好機會？同事給的建議充滿智慧，簡短留張紙條說謝謝，*好像沒什麼*；多熬的湯、外面買的麵包，拿去送鄰居，*好像沒什麼*；這些小事，似乎可有可無。確實沒什麼了不起。倘若真要發揮善良，就該送花給同事、親手為鄰居烤新鮮麵包。要付出關懷、同理心，代表發揮善良時，必須表現得面面俱到。對吧？

不見得。

面面俱到的表現，沒什麼不妥，但善良的人生，意味著日常生活中，慢慢累積看似平凡、不足掛齒的小小善行，終有一天能積沙成塔。

近來聽到一個概念，叫做「微小卻重要的事」（譯註：縮寫為「TNT」，全稱為「Tiny noticeable things」），提出者是英國演說家艾德里安‧韋伯斯特（Adrian Webster）[1]。「微小卻重要的事」指微不足道、簡單易行的舉動，人與人之間互動時，採取這些舉動，能為他人生活增添光彩。可能只是一個微笑、一句表達感謝的話、主動伸出援手，或對生活周遭的人由衷表達關心。這些行動皆不值一提、不足以撼動地球，但經年累月下來，會帶

來心情、生活上的轉變,甚至能改變世界。

　　麻省理工學院教授瑪麗・羅伊(Mary Rowe),在一九七〇年代提出「微小肯定」(Micro-affirmations)[2]的概念,相當類似。時任該校調解辦公室主任的她,負責處理校內工作場合中,少數族群、女性、身障人士遭受偏見等申訴問題。她認為微小肯定極為重要:「可以只是小小舉動,譬如:打開心門,歡迎機會上門;主動融入、關懷他人;表現風度,豎耳傾聽。微小肯定的關鍵在於慷慨待人,多多肯定他人的貢獻,在他人鬱鬱寡歡時,給予關懷與支持……。」

　　她也提出另一個詞,稱為「微不平等」(Micro-inequities),意指:「顯然微小的事件,通常倏忽即逝、難以證明。察覺到某人『有所不同』時,可能發生這類事件;可能隱而不顯,通常非刻意為之,且多半時候,加害者渾然不覺。」舉例來說,開會時未能介紹參加者;太過忙碌,忘了跟同事打招呼、招呼客人;因對方種族或性別,擅自做出假設;不小心口誤,發言不經大腦。長此以往,會形成有害的影響。

　　這些術語,最初雖用在探討職場上的不平等與偏見,但我相信,同樣概念也適用於善良。就稱作「微善良」與「微不善良」吧。

　　想想看,平時會碰到哪些微不善良。這些情況,常令我們無可奈何地嘆息:同事皺起眉頭;鄰居的狗在你家草地上大便沒清;行程嚴重耽擱,卻得不到任何解釋或道歉。

　　說不定,我們自己就是微不善良的罪魁禍首:早上沒跟同事打招呼,應該沒關係;沒謝謝對方放慢速度讓我們超車,應該沒關係。這些微不足道的行為,本來就一點關係都沒有,對吧?*喔,不,茲事體大!*

至於微善良，則表現在我們真誠的微笑，以及伴隨而來的溫暖感受：咖啡師或銀行行員親切打招呼；不等我們開口，同事主動前來幫忙；鄰居與我們分享自家菜園的收成。

　　微善良通常發生在人際互動之間，也可能在獨處時顯現：散步時，順手撿起地上的垃圾，拿去丟掉；被遺棄在停車場的購物車，順手推回賣場去；停車收費表顯示有人逾期未繳，不妨幫忙補上幾角硬幣。也許只是舉手之勞，但想想看，若大多數人，都把這類行為當作標準作業程序，世界會變得如何？

　　人生中，我們所重視的事物，若能持續灌溉，就能慢慢成長，微善良也一樣。如能保持腦袋清醒、時時留意，別隨時隨地被行動裝置綁架，別不知不覺陷入心不在焉的狀態，我們將發現，微乎其微的小小事物，不斷召喚著我們：超市裡，看到小朋友扮鬼臉，恨不得讓大人看見（也對他扮個鬼臉吧）；前面的人兩手提著大包小包，騰不出手來開門。對自己，也該發揮微善良：給自己留些寧靜的片刻；整天坐在桌前，不妨抽空到外面街道繞個一圈。

**化善良為行動：**花個一整天，好好留意一天當中，有多少微善良可以發揮？此外，也要留心自己容易犯下哪些微不善良。大概記錄一下，作為你的基準線。接下來一週，或更長一段時間，每天都檢視一下，你的微善良是否逐日增加？微不善良是否逐漸遞減？你必須保持在覺察狀態。當發現有機會施展小小善舉，就放膽去做吧。也試著做記錄。計算善良的次數，若令你神經緊繃、備感壓力，可以選擇不去計算，留心留意即可。假使感覺到，自

己的小小善舉似乎與日俱增，請別懷疑，你很棒。理想情況下，小小善舉會令人上癮，不知不覺形成習慣，甚至越做越上手。不用多久，微善良會變成一種本能，不再錯過任何大小機會，隨處皆能實踐善良。小小善舉，力量無窮！

第三章

章

敞開生命　擁抱善良

# 第二十二節 —— 善良與知足：
# *足夠就好了！*

> 「*真正的善良，必須由衷感到知足；每次付出，都能感受到回報。*」——*美國牧師韋恩・繆勒*

若能擁有韋恩・繆勒所說的知足感，行善起來會輕鬆許多。要是我們總提心吊膽，怕自己擁有的不夠，與人分享了，自己便有所匱乏，發揮善心會困難重重。。

運氣亨通、成就非凡的人，曾否令你心生憤恨或忌妒？也許你曾妄自合理化（「嗯，好吧，人家家族人脈廣，拿到那份工作本來就易如反掌」），或試圖貶低（「只不過拿到麥克阿瑟天才獎（*MacArthur Genius Grant*），有什麼了不起？得獎者可多呢」）。或在恭喜他人成功時，暗自咬牙切齒？

這類思考，都是自我匱乏所致：要是*他*得到越多，我便得到越少。

對於知足感，世上大致有兩種觀點。文化人類學家珍妮佛・詹姆斯（Jennifer James）常提到一個概念：派餅到底夠不夠分 1。如果把世界看成分量有限的派餅，別人得到較大塊時，彷彿我們就會分到較少。然而，假使將派餅視為無限大，從中心擴張、無邊無際，那麼，當他人捷足先登、功成名遂時，我們就不會備感威脅、自卑感作祟：人人都不虞匱乏，別人擁有多寡，對我毫無影響。

他人擁有的多，不代表我們擁有的少。這才是真理。成功與

幸運，猶如陽光，並非定量供應。人人都有充分享受的權利。更進一步來說，我們對周遭事物越感知足，人人享有的資源只會越來越多；唯有發揮善良、滿足現狀，才有餘裕幫助別人，並感到知足。自認綽綽有餘，方能有餘力與人分享。付出，總有一天會回到自己身上，就像拋出回力鏢、摸摸熱情的小狗一樣。

這不代表，善良之人永不會心生妒忌、卑鄙的念頭。他們也是凡人，同樣會受環境影響，只不過，他們或許更願意自我坦承，儘早向這些念頭說不。

對大多數人來說，醒來第一個念頭若是*我不夠好*，很容易對真正重要的事物視而不見。此時，我們必須喚起知足感。知足感擁有與否，會影響我們對自己內在、外在的看法。也許我們自認不夠迷人、不夠聰明、不夠幹練、缺乏安全感。也許自覺財富與資源不如人。專注在自己所無，無論是事實或憑空想像，只會引發所謂的向下螺旋。

雖是老生常談了，但仍不脫這道千古難題：「杯子是半空還是半滿？」看待世界的觀點，會造就我們眼中的現實。如總是從「還不夠」的角度看世界，便會自我制約，眼前所見盡皆匱乏，永無滿足之日。看待世界時，若能心懷知足，那麼，我們不僅更容易滿足，也更有餘裕分享所有。

不知足的人，既無法付出，也無法接受別人的付出。對於所擁有的緊抓不放，不願睜開雙眼、攤開雙手，亦無法親眼目睹、樂於接受世界所賦予我們的美好。

要相信自己無所匱乏，首先要打從心底深信，我們*確實夠好*。生活周遭，有太多訊息，充斥著消費主義、汲汲營營，告訴我們還不夠好。這些西方主流社會的價值觀，恰與知足感背道而馳。

即使我們十分幸運，身邊親朋好友能全然接受我們本來的樣子，但傳播媒體總不斷洗腦我們：這樣還不夠好。翻開雜誌，令人自嘆不夠時尚、肌膚青春不再。打開電視，盡是廣告及好萊塢相對狹隘的審美觀，讓人自嘆弗如：某些部位太小，某些部位太大；衣服退了流行，頭髮光澤不夠；但*好消息是*，用了某樣產品，這些問題都能迎刃而解。一上網，減肥、護膚、護髮廣告舉目可見，三不五十提醒我們，只要擁有這種萬靈丹、精華液，種種問題都能煙消雲散。

有形無形之中，我們被教導自己不夠完美：我們不夠好，永遠欠缺些什麼。解決方案*擺在眼前*，只要買對產品，添購永遠少一瓶的神奇仙丹，便能彌補不足，變得完美無缺。倘若中計，將陷入永無止盡的*貪得無厭*。唯有感到知足、滿足現狀，才能徹底拋開與人比較、羨慕嫉妒、自嘆不如的念頭。

從善良的角度來看，只要心有餘裕，便足以度過這樣的一生：充滿喜悅、富含意義、服務他人，滿足於現在的自我。消費主義則不斷在耳邊絮叨，要我們永不知足：我們擁有的遠遠不夠，唯有持續添購所無，不虞匱乏的一日才會到來。上面兩種說法，我們都聽過……何者較令你產生共鳴？你較認同哪一種說法？

**化善良為行動**：*想想看，有些時候，看到別人功成名就、賺大錢，為何心底難免隱隱作痛，羨慕與自卑感油然而生？你的世界觀，偏向知足常樂，還是自我匱乏？記憶中，這些訊息從何而來？有些訊息總說你不夠完美，要你某方面再多一點、某個地方要少一些，這些訊息來自何方？下次，有影像或廣告訊息試圖灌輸你，*

必須購買某樣商品，才會成為完美的自己時，停下來思考，該訊息是如何經過精心設計、誘人上鉤；接著，輕輕讓自己斷然解套吧，不妨對這些訊息說：「謝謝，我很滿意現在的自己了。」試著設計一段簡短的咒語，提醒自己，現在的你已完美無缺，明天的你也依舊完美。（舉例來說：「我擁有的已足夠，我已經很棒了。」）試著對自己說，並持續下去，直到自己相信為止。

# 第二十三節——感恩為善良之友伴

「*如果你這輩子在禱告時，只說過『謝謝你』，那也就足夠了。*」——德國神學家埃克哈特大師（Meister Eckhart）

許多國家及文化，都特闢節日來慶祝感恩。美國及加拿大都有所謂的感恩節，只是日期不同。這天到來時，我們有機會停下來，從個人及群體角度，讚頌國家的遺產，對周遭一切表達感激。理想上，我們應天天表達感恩，而忙碌的工作及平日生活，常讓人把感激之情拋諸腦後。

練習善良的一年中，我發現，善良與感激相輔相成，缺一不可。置身於大自然時，感受最是深刻。登山健行、躺在甲板上飽覽喀斯喀特山脈（Cascade Mountains），或在自家附近散步時，我經常感受到，自己心靈全然敞開，懷抱周遭大自然：鳥兒鼓動翅膀、啁啾吟唱；各種樹木目不暇給，風貌隨季節千變萬化；入冬時，溪水暴漲，入夏後，又慵懶地緩緩流淌；庭院來了一隻鹿，啃咬著掉落的蘋果。這些事物，都讓我不禁想做些什麼，以回饋這個社區、這片大地。

練習善良的那年，我曾到賓州匹茲堡（Pittsburgh）參與一場週末研討會。當時接近五月底，氣候宜人。藉著下午空檔，漫步到附近公園，找一張長椅坐下，展書閱讀。那個下午，看書之餘，也舉目欣賞四周景物。那座公園，就像一個充滿生命力的有機體：孩子們在草地嬉戲，情侶手牽手散步，松鼠、狗狗、花朵、樹木、

鳥兒，形形色色，盡收眼底。依然記得，自己當時受寵若驚，能夠盡享這一切，何其幸運：公園、研討會、旅程、認識新朋友、碰撞新點子。感激之情，溢於言表。過一會兒，我走到附近餐廳，點份午餐。從座位上，能看到公園一景一物的律動、匹茲堡熙來攘往的繁忙街道。水果沙拉和剩一半的三明治，請服務生打包，打算等晚餐再繼續享用。走回飯店路上，想到此時此刻能置身此處，過著這般生活，對人生感到無比知足、不勝感激。再過一個街道就是飯店了，發現一名佝僂老人坐在輪椅上，身邊有個鐵罐，躺著幾枚硬幣，旁邊貼著一個小小硬紙板，寫著如下標語：「請幫幫忙。」

我駐足與他打招呼，接著說：「我有半份火雞三明治跟水果沙拉，不知您喜歡嗎？」

他睜大雙眼，說道：「當然喜歡。」把餐廳的袋子交給老人，再從皮包掏出幾張一元美鈔，請他收下。又聊了一兩分鐘，發現他眼神亮了起來。走回飯店路上，感到腳步輕盈起來，整個人快活許多。與老人的短暫互動，讓我感到心滿意足。那份三明治、微不足道的幾張小鈔，固然令他欣喜，但我想，更讓他感激的，是*被人看見*。人們向來迴避他的眼神，匆匆走過，置之不理；即使偶而丟幾枚硬幣或小鈔到罐子裡，也不敢交談、加快腳步離開。這些他早已習以為常。由於對人生滿懷感激，我敞開心胸、實踐善良，除了在食物及金錢上微薄地付出，更真心誠意關注他人。毫無疑問，那天下午我由衷感覺到，自己的收穫遠大過於付出。

還發現，懷有感恩之情時，行善變得自然而然，毫不費力。也領悟到，當你無力發揮善良時，不妨停下腳步，對於周遭景物、朋友、摯愛的人、令人開心的小事物……表達感激，善良的力量

也將隨之湧現。

我也漸漸意識到，從許多方面來看，善良與感恩相輔相成，效果可比魔法般的煉金術。

## 慢下腳步

表達感激、實踐善良，同樣需要停下腳步。現代人行程滿檔、忙碌不堪，要慢下來，不見得總是件容易的事。我經常覺得，自己總是工作滿檔、忙得焦頭爛耳、有盡不完的職責，彷彿人生被一長串的待辦事項宰制。不慢下腳步，就無暇目睹自然之美、一飽眼福：夕陽西下；番紅花吐蕊綻放；鳥兒在天空盤旋，猶如帶著翅膀的溜冰舞者。不慢下腳步，便無以發現收銀員面帶微笑、有人替我們開門，也可能忽略日常生活中、各式各樣能發揮善良的機會。

## 敞開心胸

懷有感恩之情時，心胸寬敞。會深感知足、滿足現狀。*我所擁有的，皆已足夠*。你會感受到，存在多有意義。五分鐘前發生的事不再重要，五分鐘後會發生什麼也不再重要。我活在當下。

只要經歷善舉，不論是付出、受惠的一方，抑或僅是目擊者，都會讓人敞開心胸、全心全意投入當下。在那倏忽即逝的瞬間，唯有一件事舉足輕重：善良。這令我想起一句鍾愛的名言，出自亨利・詹姆斯：「人生首重三件事：一是要善良，二是要善良，三是要善良。」

誠如前文所言，知足亦為善良之友伴。假如相信自己*已經*很棒了，要再相信自己*擁有*的已足夠，就不難了。擁有此二信念，能幫助我們發揮善心、不妄下批判。知足與感激、善良，或息息相關，或相伴相生、缺一不可，在在啟發我們，對於時間、言行舉止、擁有的資源，都要慷慨付出。

## 負面情緒

我發現，一個人心懷感激時，很難怒氣沖沖、恐懼害怕。心中充滿感恩時，就算被人超車、對方口氣不佳，也會覺得沒必要動怒。碰到不熟悉、充滿挑戰的情況時，也較不容易心生畏懼。也許，只是因不勝感激之情，無暇顧及其他情緒；也許，感恩對於淡化負面情緒，效果卓著。

這種信念並非沒有動搖的時候。聽聞近期又發生恐怖攻擊或大規模槍擊事件，便經常有此感觸。這些事件會引發恐懼震怒，不僅直接受波及的人如此，全天下的人皆然。親朋好友未受牽連，看到世界各地伸出援手支持受害者，或許還能心存感激，但憑藉感恩，真能全面擊潰恐懼與憤怒？我想恐怕未必。不過，必然有些時刻，心懷感激能戰勝懼怕，即便遭逢恐攻、天災、個人災難而萬念俱灰時，仍能懷有一絲感恩之情。天災人禍降臨、跌入人生谷底，懷有感激之情，或能幫助我們看到一線希望曙光。

## 服務大地

對某件事物心懷感激時，我們會出於直覺本能去保護、捍衛。

站在海邊，壯闊之景令人肅然起敬；爬郊山時，濃蔭蔽天的森林，讓人讚嘆不已。這些情感，會激發我們原始的本能，去守護大自然，讓它永續長存、免於遭受傷害，以讓我們、世世代代皆能飽覽其極致之美。因懷抱感恩之情，我們樂於全心全意投入人生；還有什麼比這更重要呢？

　　實踐善良，意味著要全心全意投入生命。發揮善舉時，會對生活周遭的人事物產生實體連結，誠心誠意去體會、付出行動，肯定這項事實：我們所發揮的善良，終將為地球與天地萬物增添光彩。健健康康的地球、永續實踐，是我們造福周遭人及後代子孫的至善之舉。

## 練習感恩

　　感恩的心，若唾手可得、不費吹灰之力，就太美妙了；可惜大多時候事與願違。就像行善、打網球、彈鋼琴一樣，感激的心也會隨著練習、慢慢增強。越常練習、親身體會，便會越擅長表達。上網搜尋「練習感恩」，會看到不計其數的建議，比如每日冥想、寫感恩日記、禱告等。每天晨起前，我會試著花些時間，思考自己對那些事物抱持感恩。創造「觸發」情境，則是另一種創意方法，有助於培養感恩的習慣。舉例來說，每次碰到紅燈，便可利用停下來的時間，對某件事物表達感激。

　　還有一種很棒的善良練習，我十分熱衷，也會時不時練習。身兼醫師及教師身分的瑞秋・娜歐蜜・瑞門（Rachel Naomi Remen）博士，分享人類學家安琪拉・亞立恩（Angeles Arrien）發明的妙招[1]。這招簡單又不費時間，只需這麼做：

每天結束前，坐下來幾分鐘，回答這些問題：

- 今天有什麼驚喜？
- 今天有哪些事令我感動或動容？
- 今天有哪些事帶給我啟發？

簡短回答即可。重點在於，要試著喚起記憶，想想有哪些事物令你感動。

瑞門博士描述：「接下來發生的事，十分饒人興味。一般來說，事情發生約八到九小時後，人們要刻意回想，才會感到驚喜。透過這樣的練習，時間差距會逐漸縮短，總有一天，人們會在每分每刻，察覺到生活中的每一份驚喜、感動、啟發。接下來，一切都將有所改變。世界並未改變，但人們看世界的角度更通透了，進而將這份體驗傳遞出去……久而久之，所有事物都將產生變化。關鍵在於，能不能留心留意。」

沒錯。開始很難。幾天過去，你可能腦袋一片空白。「*沒有任何驚喜啊*」，或「*沒有什麼東西令我有啟發呀*」。但只要仔細思索，總會找到靈感。*喔，對，看到孩子在公園玩耍，我好感動*。誠如瑞門博士所言，持續練習下去，你會漸漸發現，自己越來越能在生活當下，感到觸動、驚喜、啟發。如此一來，你會隨時隨地沉浸在感恩之情，人生充滿存在意義。

我們給自己最棒的禮物，就是花些時間，想想有哪些事物值得感激，無論是顯而易見、微不足道、隱約微妙，甚至稀奇古怪的事，都能為人生增添意義。日常生活中，多多留意五花八門、大大小小值得感激的事，天天都是感恩節，妙不可言。

**化善良為行動**：日常與人互動時，試著經常說「謝謝你」，而且要發自內心去說。如果真找不到感激的理由，不妨設計一套感恩練習活動，天天力行，譬如寫寫感恩日記、留點時間沉思，或如瑞門博士所言，找到一種觸發機制，方法很簡單，試著連續練習三週。試著留意，自己有沒有漸漸產生改變，對生活周遭值得感激的事物更加留意？也試著觀察，對於自己或他人的善舉，是否更容易察覺？若當下情況令你氣憤不已、恐懼不安，試著用感激來抵銷其效應。也可與家人聊聊感恩的話題，方法有很多種，比如設計成晚餐時段的桌上遊戲，或趁長途開車時，談談有哪些事物令你心懷感激。

# 第二十四節——善良與慷慨：
# 不全是錢的問題

「表現慷慨，無論在任何時候，都能帶來快樂。立志慷慨，即能感受喜悅。實際為人付出時，能感受喜悅。想起自己曾經付出，也會感到無窮喜悅。」——釋迦牟尼（Gautama Buddha）

我們稍早討論過，善良與知足息息相關。當你的世界觀充滿知足、不虞匱乏，下一步，順理成章就是慷慨待人，把知足感傳遞出去。

這輩子，我從他人身上受過的慷慨之舉，多不勝數。對方也許是親朋朋友、非營利機構的客戶與職場夥伴，甚至陌生人等。在我不如意時，他們不吝於騰出時間分享智慧，言行舉止間體貼入微、善解人意，慷慨不言而喻。

說到慷慨，我們一般會先聯想到物質方面的付出、捐款等。想當然耳，這些雖是不可或缺的慷慨之舉，但絕非唯一的付出之道。

## 三 T

非營利機構界，有一句至理名言。董事會成員必須願意付出「三 T」：時間（Time）、天賦（Talent）、**財務**（Treasure）。財務與金錢通常無法脫鉤，在慈善機構尤其如此。一項理念若得不到董事會同意捐助，要說服別人就更加困難了。我們在審核組

織的補助申請案時，通常會先詢問董事會，是否每位董事都曾捐款給該組織。若董事皆為出手大方之人，通常大家都會點頭說有；但若有董事恰為該組織所服務的關係人，財務上可能就沒這麼寬裕了。這也是為什麼，審理補助申請時，我們不會去問董事各捐多少，只會問是否捐過。比起捐五萬美金的企業執行長，願意省一餐、捐十元美金的人，貢獻毫不遜色，甚至有過之而無不及。

發揮**天賦**，慷慨待人，方法很簡單。只要樂於分享所長，舉凡募資、行銷、編預算、閒聊瞎扯、烤杯子蛋糕等，便足矣。人各有所長，身為人類與生俱來的任務，就是要發掘自己的天分，在他人最需要的時刻，盡情分享。

慷慨付出**時間**，在非營利機構或任何地方，都絕對適用。我們經常嫌時間不夠用、行程滿檔，總是與行善機會擦身而過。也許為趕接二連三的工作期程，匆忙之中，根本來不及留意周遭。時間有限下，依舊慷慨付出時間，是無與倫比的善行；樂於付出，不讓對方知道其實自己壓力龐大、多有不便，更是不可多得的善良之舉。

**其他慷慨待人的方法**

除了三 T 之外，慷慨待人的方法不勝枚舉：

**行為上慷慨待人**：可以很簡單易行，比如替人開門、幫忙搬重物、主動伸出援手等。或燒一鍋湯，趁新鮮送給鄰居；或替別人洗用過的盤子，不帶怨言。實踐慷慨之舉，方法不計其數，不分事大事小；多多練習睜大雙眼、對周遭留心留意就對了。

**言詞上慷慨待人**：只要一句善良的話，便足以讓他人開心一整天，何樂而不為？馬克‧吐溫（Mark Twain）有句名言：「一句真心誠意的讚美，足夠我開心兩個月。」據聞，他也說過這番話：「經常受人讚美，也是件尷尬萬分的事，因為我總覺得，他們讚美得不夠。」無論如何，這兩句名言都在在顯示，一句真心誠意的讚美，力量多麼強大。更棒的是，輕而易舉即可辦到！他人的服務很周到、觀察鞭辟入裡、報告寫得無可挑剔，或笑容可掬、滿室生輝，都值得稱讚幾句。方法很簡單，留心留意即可。善良的話語，無論是口頭或文字表達，影響力都足以延續一輩子。幾十年前的一句讚美，至今仍令我念念不忘；收到的紙條卡片，都會仔細收藏，多年來視如珍寶，真摯話語依然觸動人心。取來翻閱，總讓人會心一笑。

**精神上慷慨待人**：佛家講究慈（*Metta*）的修練，也有人稱之為「慈心」，鼓勵弟子唱頌慈經。首先讓自己感受那分慈心，再依序散布給摯愛的人、點頭之交、陌生人，最後甚至到敵人。慈經旨在祈願眾生皆能平安快樂、享受和平、免於苦難等。誠如佛教導師雪倫‧薩爾茲堡（Sharon Salzberg）[1] 所言，散播慈給易起衝突、難以相處，或傷害過我們、令人氣憤難平的人，能讓我們「領會到，人與人之間相互連結，密不可分。」薩爾茲堡主張，把慈散布給難相處的人，並非要縱容其傷害人的惡行惡狀。「反之，我們要探索內心深處，發掘慈心的力量，各種情況或對象都能派上用場，」我們不僅對他人慷慨，也對自己慷慨。發揮同理心，即是為世界付出自己一分心力。

實在難以付出時，至少多替別人想一想。對親朋好友較容易，對點頭之交、陌生人則困難得多。朋友或愛人說了傷人的話，通常要原諒較為輕易：「我相信她不是那個意思，」或「我知道他壓力很大，他不是那個意思。」陌生人的言行舉止，一旦啟人疑竇或傷害到人，我們為何就不願試著去體諒對方呢？對於陌生人，我們通常認定對方是出於惡意，直接標上混蛋的標籤。

無論是在組織裡，還是與合作的非營利董事會共事時，我們都經常提醒自己：「要往好處想。」簡單一句話，威力無窮。若可以，我恨不得印出來，當作每份會議議程的封面，每間會議室的牆壁上也貼一張。無論對方是誰，慷慨一些，多替別人著想，就這麼簡單。

慷慨，不是為了他人。不論任何慷慨之舉，最大的受益人，都會是自己。那代表著，我們對生命深感知足，對自己充滿信心：我擁有的皆已足夠，我已經很棒了。付出，能讓我們與全世界、全人類和諧共處，其樂無窮。


**化善良為行動**：*想想看，自己曾否付出三T（財務、天賦、時間）？當下感受如何？今天，你能否運用其中之一，來幫助任何人呢？你的天賦有哪些？也許一直以來，你視之為理所當然，才未發現其價值所在。也許你有過人的商業頭腦、社交能力、創意思維，只是從未發覺。不妨留點時間，想想自己能為他人付出些什麼。就今天吧，思索看看，你要如何在言詞上慷慨待人：發自內心讚美別人，寫紙條聊表謝意，都可能讓他人開心一整天。別讓大好時光匆匆溜走，來不及為他人付出。不僅受惠者會雀躍不已，你*

也會眉開眼笑。如果你還沒有這種習慣，從今天開始培養吧：收到的紙條、卡片、電子郵件，若是對你讚譽有加、表示感激，請好好收藏。每當忘了自己對世界有何貢獻時，拿來翻閱一下，你將會寬慰許多。

# 第二十五節 —— 留心留意：
# 　　　　　活在當下，方能善良

*「只要你告訴我，平常你關注些什麼，我就知道你為人如何。」——西班牙哲學家荷西・奧德嘉・賈塞特（Jos　Ortega y Gasset）*

還記得小時候、青少年時期，聽到老師三番兩次要學生「專心」時，心裡有多煩躁？老師之所以會反覆叮嚀，有時是在暗示「這是考題」；有時，純粹是發現學生個個意興闌珊，要求他們專心聽講，總比絞盡腦汁把幾何學、十八世紀歐洲歷史說得有趣些，要容易得多。

事隔多年，我現在倒是把「專心」兩字寫在小紙條上，用膠帶貼在書桌旁。我認為，生活要過得好，專心是其一祕訣；生活要過得善良，專心更是不可或缺的要素。

對周遭事物渾然不覺，很容易錯失行善機會。可能只是舉手之勞，比如替陌生人開門；與人目光接觸、微笑以對；看到別人包裹太重，快要扛不動，主動向前幫忙。也可能難度稍高，譬如發現友人面帶愁容，騰出時間聽其訴說事情始末；看到小朋友陷入失望沮喪時，說些恰如其分的話，讓孩子開心一些。假使我們總是視而不見，便會與機會擦身而過，未能為世界付出一己之力。

發揮善心的機會俯拾即是，若不留心留意，極可能錯失良機。時下科技產品令人注意力難以集中，對生活周遭的人事物經常茫然不知。

## 選擇活在當下

開會，在我們這一行是家常便飯：教育研討會、研討會、董事會議、委員會議、早午晚餐會議。我們藉著開會，互相學習、結交人脈、替非營利組織客戶達成任務。

過去開會或參加研討會，每逢休息時段，大家會倒杯咖啡，和其他與會者聊聊。現在，大家仍會取杯咖啡，但接下來，各站各的，人與人之間保持四呎距離，收收電子郵件，看看社群媒體，傳個訊息，或上上網。換言之，人們不再和其他與會者交流。曾有人向我坦白，看大家都在收電子郵件，他若不照作，站在原地、無人能聊上幾句，會十分不自在，所以只能假裝收收信箱。我自己曾經也是。

這種面對面互相交流，與正式開會同等寶貴，如今卻已不復見。在非正式的場合，人與人之間切磋學習切實有效，更是建立商業連結、結交朋友的大好機會。對於初入職場的年輕人來說，藉此增進社交技巧，可是自我提升的必備技能。人與人之間面對面連結、以電子產品連結，兩者之間能否有折衷之道？若要我抽點時間，放下電子產品，重溫與人面對面互動的樂趣，我可是會連聲說好。

我想我們都忘了，自己有能力設定底線，且責無旁貸。人生被行動裝置主宰，生活品質跟著每況愈下。

自家附近的公園，經常看到父母埋頭滑手機，絲毫沒注意到，孩子筋斗翻得興高采烈、鞦韆盪到半天高，表情多麼得意洋洋。我不禁思索，將來會感到遺憾的，究竟是大人，還是小孩？近日去聽交響音樂會，舉目望去，竟有不少座位都閃爍著手機螢幕光；

芬蘭音樂家西貝流士的協奏曲再波瀾壯闊，這些人也充耳不聞。拒絕全心擁抱人生的我們，指縫間究竟失去了什麼？

曾有人告訴我，這樣的觀念太過時了。我曾勸人，沒必要與手機形影不離、隨時隨地上網，結果被戲稱「老頑固」。「科技才是未來，」對方說。「一不上網，就代表你落伍了。」人人有權決定自己的生活方式，這點無可厚非。

帶領團隊進行策略規劃時，我總是提醒他們，每當你對一件事情說「好」，就代表得對另一件事說「不」；排列優先順序時，必須要想清楚。日常生活中也是如此：當你對不停滑手機說「好」，意味著我們對什麼說「不」？


### 正念能強化同理心

麻省理工榮譽教授喬・卡巴金（Jon Kabat-Zinn）[1] 等人研究指出，正念能增強一個人的同理心、利他主義。實驗[2]證實，透過正念訓練，會更容易察覺有人需要幫忙，進而伸出援手，對象甚至包括陌生人。重點在於，我們能否睜大雙眼、留意眼前所發生的事。若能全心投入我們的人生、保持專注，便能察覺何時應發揮一己之力：露出微笑、說句善良的話、伸手幫忙。

善待自己亦然。如能對人生保持醒覺，才會發現自己疲憊不堪、需要休息，或壓力太大、該停下腳步。對自己的人生保持覺察，才有餘裕發現他人需要幫忙，繼而伸手相助。對自己不夠善良，便無法善良過一生。

起頭不難，只要選擇活在當下，每分每刻做出選擇，專注在應當留心的事物上，就對了。

**化善良為行動**：*印象中，你曾否因漠不關心，或忙著使用行動裝置或手機，而錯失一件美妙的事（不必是大事，只要是美好事物即可）？你曾否跟大多數人一樣，經常優先處理緊急事件，而把人生中真正重要的事擱在一旁？該設下哪些底線（並堅持下去），來幫助自己從早到晚皆能活在當下、保持覺察？先嘗試個一天，看看有何不同。接著再多試一天、持續一週，練習讓自己停下來，專注在自己的感受。你是否需要休息一下、吃點東西、深吸口氣，甚或享受片刻寧靜？對自己好一點，觀察接下來有何感受。*

# 第二十六節——多替別人著想：
## 進一步，退兩步

*「我的信仰很簡單。善良就是我的信仰。」——達賴喇嘛*

如前所述，停頓的力量，能引導我們發揮善舉；經歷善行時，更懂得體悟善良的真諦。停頓至關重要，甚至有一股力量，幫助我們學習新事物；停下來，方能好好衡量、評估、質疑、立定新志向。前面也提到，停頓並非一片空白，而是一個抉擇點。不妨現在也停下來，藉此機會回顧前面章節。

關於善良，你有何感觸？無論你是受惠或付出的一方，或只是目睹他人身上的善舉，當下你有何感受？即使對你來說，只是不值一提的小小善事，你能否天天付諸實踐？對你而言，發揮善舉最大的挑戰是什麼？有哪些人事物，最令你一個頭兩個大？從周遭人身上，或書中、新聞上，你是否發現善良無所不在？或者，你是否更容易察覺，有時需收看 TLC 旅遊生活頻道放鬆一下？

你是否發現，待人處事時，曾未經思考即採取反應，事後悔恨莫及：早知道當初停下來，多思考一下再回應就好了？你是否發現，選擇善良，周而復始，其實並不難：只不過，有時並不容易，有時會遭受誤解，有時結果未能如願？

抽空思索一下，你實踐過哪些善良；不妨試著想像，後續會引發何種漣漪效應。你的主動付出，讓世界變得更為善良。恭喜你！為接下來幾天、數週設定目標吧。此生中，有沒有哪些方面，你希望能看到更多善良、投入更多善舉？以下就來舉幾個例子：

‧ 你願不願承認，感到尷尬萬分、遭到拒絕、脆弱無助而擔心受怕時，是否容易出言不遜、暴躁易怒？

‧ 能否調整你的時間觀念，把善良視為優先事項，而非挑戰耐性或打亂行程的麻煩之舉？

‧ 倘使發揮善良遭受拒絕，你能否坦然面對尷尬、受傷的感受，並接受這個事實：既然盡力了，別把對方的拒絕放在心上？

‧ 你是否找到善待自己的方法？比如走走自然步道、打個盹兒、騰出一小時閱覽好書、洗個泡泡浴、隨著音樂扭腰擺臀。

‧ 你是否漸漸學會，欣然接受他人的讚美與善舉，並找機會予以回報？

‧ 你是否想盡辦法實踐微善良，並意識到，再微不足道的小小表示，再不值一提卻不容忽視的小事，最終都能讓世界變得更積極正面？

‧ 當媒體報導、親朋好友、甚至你自己，不斷告誡你要再聰明一點、再美一點、再瘦一點、再成功一點……或需要重新改造自己時，你能否克服這種「自卑」心態？你能否將這些聲音拋諸腦後，學習欣賞自己，肯定自己所擁有的一切，充滿自信？

‧ 感恩與善良密不可分，你曾否有過這種感觸？你是否每天都抽出時間，表達感恩——也許是練習感恩、沉思片刻，或（發自內心）多多向人說聲「謝謝你」？

‧ 你是否有花些時間，評估自己的「三T」？*即使財務上較為拮据，難有餘裕慷慨解囊，你是否有特殊天賦*，值得與他人分享？哪些情況下，值得你騰出*時間*，付出一己之力？

‧ 你能否以這些方式慷慨待人：發揮舉手之勞、說些善良而體貼入微的話；碰到特定情況，過去你也許容易苛刻批判，現在

的你，能否試著多替別人著想？

　　‧你是否有騰出時間去思索：既然人生要過得「充滿善良」，有哪些事情值得留心留意？有時該如何取捨？

　　‧如為人父母，你是否記得與孩子聊聊善良？或聊聊感激、慷慨、幸福等價值觀？孩子分享觀察、體驗時，也別忘豎耳恭聽。孩子可是小小善良大使，力量無窮。

　　‧回顧前面章節內容：你是否較少批判他人了？抽空發揮善良時，壓力是否得以減輕？對方行為舉止令你不解時，你能否發揮善心、多些體諒？與人交往時，能否別再斤斤計較打分數？

　　騰出一些時間，回想曾為世界付出哪些善良，好好肯定自己。這些善舉讓世界起了變化，只是有些你沒看到而已。善良成為你無與倫比的嶄新力量，慶祝之餘，可別忘了，要持之以恆去實踐，讓這股力量更為強大，為世界帶來更大改變！

第 三 部 分 ｜ 選 擇 的 季 節

第一章
善良的工具

# 第二十七節——善良生活需要勇氣

「生命的大小，取決於一個人的勇氣。」——美國作家阿內絲·尼恩（Anaïs Nin）

碰到校園霸凌事件時挺身而出，與被排擠的同學做朋友，同樣需要勇氣。面對惡霸恣意散播不公不義的偏執言論，要發言抵制，也需要勇氣。不知所措時，即便只是說幾句安慰人的話，也十分需要勇氣。

練習善良、勇闖未知的那一年，常令我訝異的是，發揮善心是多麼需要勇氣。善待自己或他人，都可能冒著風險：遭到批判、被人拒絕、挑戰主流價值。有些時候，我們會流露脆弱的一面，或顯得愚蠢至極。願意冒風險行善，十分需要勇氣。誠如韋恩·繆勒所言：「善良的一生……基本上也是充滿勇氣的一生。」

至於何謂勇氣，許多人看法相當狹隘。以為非得碰到窮凶極惡的危急事件，冒險犯難的精神才算勇氣。彷彿得跳下飛機、衝入火場、勇於面對絕症，才是勇氣。這些狀況，確實需要勇氣，這點無庸置疑。但日常生活中，還有另一種勇氣，人人皆可發揮。

勇氣專家珊德拉·福特·沃爾絲頓（Sandra Ford Walston）[1] 認為，千鈞一髮之際的英勇行為，與日常俯拾即是的勇氣是不同的。以前者而言，面對創傷事件、危及性命的險境時，可能激起我們與生俱來的本能；以後者來說，雖然較不易察覺，重要性卻絲毫不減。「有時，小小的動作，也需要極大的勇氣，」沃爾絲

頓主張。「譬如在職場上，爭取拖延已久的加薪、甘冒風險裸辭、抵抗職場霸凌，都需要勇氣。生活中其他方面，比如結束一段感情、展開新戀情，同樣要鼓足勇氣。尤其對女性來說，學習去爭取所願，通常都亟需勇氣。」

沃爾絲頓進一步解釋，英文的「勇氣」（Courage）源自於古法語 Corage 一詞，意指「心靈與性靈」。因此，她說：「勇氣，不該侷限於面對險境所展現的氣概；心靈或道德力量，同樣是謂勇氣。」

有些時候，行善會暴露自己脆弱的一面，也可能遭受拒絕、甚至恥笑譏諷。有時善良意味著，要選擇不作壁上觀，或逆勢而行。有時得開口說話，有時則要緘默不語。儘管風險難以盡數，仍選擇忠於自我、克服困難、發揮善心，唯有鼓起勇氣才做得到。

留心留意，方能發揮勇氣。勇氣是善良的前提，正念則是勇氣不可或缺之要素。發揮勇氣的機會，很容易與我們擦肩而過；即使有勇氣之舉，我們也可能渾然不覺。

看到有人遭受霸凌，挺身而出；面對不公不義之事，出言抵制；冒著被人奚落或拒絕的風險，忠於信念、實踐善舉——這些時刻，便是善良與勇氣交會之處。有時，我們需要一些勇氣，才敢於表達需求、坦承過錯、改變話題走向。就像沃爾絲頓所說的：「若聚精會神發揮勇氣，行善便成自然而然之舉。」這就是她所謂：「善良與優雅的交會之處。」

對我來說，在微乎其微的小事上，最能彰顯行善的勇氣。漸漸懂得適時發聲，並持之以恆為之，我發現一件事：替別人說句公道話，或言語上安慰人，變得沒那麼困難了。與陌生人互動、主動伸出援手，也容易許多。

也許，我們太常以為，唯有英雄事蹟、驚天動地的超人壯舉算得上是勇氣，才會渾然不知，日常生活中無足輕重的勇氣之舉，其實舉足輕重。世上既然沒有微不足道的善事，也就沒有微不足道的勇氣之舉。想想看，開會時，有人發言有失風度、不夠體貼，要率先開口制止，多麼需要勇氣。看到朋友生命垂危或傷心欲絕，要伸手握住朋友的手，即使說不出話來，也要真心誠意安撫對方，多麼需要勇氣。要坦承自己不知所措、心如刀割，需要他人伸出援手，以度過難關，也需要鼓起勇氣。

有些時候，對自己或他人吐露真話，坦言自己的聰穎機智、非凡成就、風趣幽默全是偽裝，多麼需要勇氣。允許自己表現真我，同時信任他人能接受、尊重最真實的自己，這種勇氣，更是把善良發揮到極致。即使無人知曉、無人察覺，克服恐懼，選擇善良，需要付出極大的勇氣。

有人對善良嗤之以鼻，認為是顯示脆弱、毫無意義；即便如此，你依然堅持投入善良的人生，是多麼需要勇氣的一件事。卸下心防，展現自己脆弱、不完美、缺陷的一面，同樣需要勇氣。正直度過每一天，需要多大的勇氣。

勇氣與善良，還有另一個共通點：透過練習，會越來越熟稔上手。


**化善良為行動**：*騰出時間，思索一下，生活中哪些情況能展現勇氣？哪些時刻是勇氣、善良的交會之處？回想一下，自己曾在哪些情況，展現勇氣與善良。如身為父母，當你排除萬難發揮善心，孩子是否看到你展現的勇氣？試著與孩子聊聊，善良有時需要勇*

A Year of Living Kindly

氣；培養善良與勇氣，能幫助孩子一輩子過得正直磊落。你曾否
因為膽怯，而不敢發揮善良之舉？不妨設計一套策略，下次機會
來臨時，讓勇氣與善良派上用場。

# 第二十八節──善良與好奇心

　　「好奇心是人類與生俱來、獨一無二、至關重要的特質。不僅是一股發掘未知的欲望，更是一種強而有力的工具，猶如解剖刀、探照燈。好奇心會改變我們，也能締造改變，威力可及全世界。」──美國墳墓探險作家洛倫・蘿茲（Loren Rhoads）

　　善良等同於好奇心，第一次聽到這種說法時，我大吃一驚。我從未想過，兩者之間竟有關聯，這可激起我的好奇心了。我一向認為，人生要活得充滿意義、淋漓盡致，好奇心絕不可少。這兩種力量強大無比，聽聞兩者習習相關，我簡直大喜過望。

　　身兼商業顧問、高階主管教練的露絲・韓得森（Ruth Henderson），在〈以善良與好奇心輔導員工〉一篇專文中[1]，提到母親總提醒她，對他人行為感到不解時，多替別人想一想；被疾駛的車輛超車時，露絲的母親會心想：「說不定他老婆要生了，要趕去醫院。」

　　後來，露絲成為商務專業人士，教練鼓勵她，碰到惱人的棘手狀況時，要多多發揮好奇心。她告訴露絲：「好好發揮善良和好奇心，就不再會惱怒或憤憤不平了。」

　　對此，我毫不懷疑。職場上，碰到同事有極度不妥的行為，或客戶勃然大怒、聲音大到足以冒犯所有人時，我們很難不生氣、苛刻批判對方。如果能以好奇心為出發點，我們的反應將有天壤之別。同事是否遭遇什麼事，才如此失態？是否在害怕什麼？是

否有什麼誤會？是否根本沒意識到，此行為的嚴重性？是否生活中碰到不順遂的事，只是我們不得而知？

客戶會暴怒，背後有何原因？情緒失控時，多半是因為恐懼。他在害怕什麼？或是覺得沒被肯定，或生活中可能遭逢不幸、快被壓力擊垮，才如此失態？其行為背後，恐怕有我不知道的原因吧？

發揮好奇心，多為對方設想：也許對方碰到不順遂的事，只是我無從知曉。如此一來，原本惱怒厭惡的直覺反應，不僅消失不見，還會有一股欲望，驅使自己多多體諒、甚至幫助對方。好奇心，會讓人多些善良。


## 好奇心與員工訓練


《哈佛商業評論》（Harvard Business Review）刊載過一篇文章[2]，我認為所有管理者、主管，或嚮往擔任要職的人，都應該列入必讀好文。作者艾瑪・賽佩拉博士是史丹佛大學研究心理學家，文中提到，碰到員工表現不佳、釀下大錯時，與其表現失望沮喪、斥責對方，效果都不如發揮同理心與好奇心來得好。

傳統的權威式管理，強調斥責、批評、甚至恐嚇員工；基本理念在於，讓員工心生恐懼、尷尬困窘，他才會明白自己錯在何處。要避免再次被責備，就必須做出改變。研究結果顯示，多半時候，權威式管理只會導致忠誠度與信任感下滑、阻礙創意創新。

面對員工犯錯、表現不佳時，控制好自己的情緒，再從員工角度審視來龍去脈，是較有效的反應方式，也是發揮好奇心的大好時機。問題究竟出在哪？表現不佳，背後有何原因？對於自己

犯下的錯，員工有何感受？很可能已驚恐萬分、尷尬不安、受到驚嚇。採取善良的反應方式，不代表對其過錯視而不見，而是要發揮同理心，當成是教育、輔導員工的機會；如此一來，還能增進忠誠度、信任感，甚至對工作更為投入。比起譴責懲罰員工，這種作法有效得多，還能幫助員工避免未來重蹈覆轍。

以善良作為回應，不僅能提升該名員工的忠誠度。如同賽佩拉所說：「對員工越能表現同理心，越能提升他對你的忠誠度，任何目睹你善待員工的人，或許都能得到啟發，更願為你效勞。」同前所述，即使善舉是發生在他人身上，光是目睹善行，便足以提升情緒上的幸福感。

有道理。誰不會犯錯。同事犯錯，老闆或主管若能以善良的方式回應，其他員工看到了，心裡會產生安全感。他們知道，萬一自己改天不小心犯了錯，上司應能以同理心對待自己。如此一來，便能樹立有安全感的文化，能有效提升創新與創意，還能增進生產力、忠誠度，正是菁英分子最為嚮往的職場風氣。

「好奇心殺死貓，」這句話不論是誰說的，都大錯特錯。好奇心是人人都該培養的特質，益處不勝枚舉。輔以善良，奇蹟便會出現！


**化善良為行動：**_下次，遭受無禮或不善良對待時，試著在發洩怒火、表示失望前，發揮一下好奇心。敞開心胸，想想看，對方的行為背後，是否可能有其他原因，也可能不是針對你。試著為對方找到合理的解釋；即便你十分確定，對方會有這樣的行為，純粹出於惡意、漠不關心，也試著多替別人想一想。倘若你會有無_

助或被掏空的感受，不妨從善良的角度來思索，此舉是否仍在可接受範圍內。若答案為「否」，也沒有關係。無論你有何感受，都要坦然以對，留意自己希望有何感受。

回想看看，你碰過最好與最糟的老闆分別是誰。在你或他人犯錯時，後者是否立刻反應很大、出言斥責？前者則會花些時間，詢問並瞭解事情來龍去脈，幫助你找到問題解決方案，也幫助你釐清未來該如何避免重蹈覆轍？若擔任管理或主管職，面對下屬犯錯，你通常如何回應？不妨建立簡單的觸發提醒機制，比如貼一張大大的「？」來提醒自己，生活當中，別忘適度保持好奇心。

# 第二十九節——善良與脆弱

「舉手之勞就像一顆種子，看似沒什麼大不了。種子繁衍茁壯後，則令人嘆為觀止。若遲遲等待種子長成大樹，才願給予他人，那麼，種子早在等待過程中枯萎而死……奇蹟不在於舉手之勞本身，而在於付出的過程；假使我們不去付出，又要等誰來付出呢？」——美國牧師韋恩‧繆勒

以高科技業的術語來說，脆弱性泛指弱點或瑕疵，駭客能在神不知鬼不覺下入侵電腦。以人性層面來說，脆弱意味著，遭受傷害、危險、疾病、批評時，遭受影響的程度。對大多數人來說，脆弱意味著弱點，應盡量避免顯露。

事實真是如此嗎？說不定，脆弱能幫助我們敞開心胸、擁抱世界，相信世界並非險惡之地。說不定，脆弱能幫助我們探索謎團；面對無法預見的未知數時，才不會避之唯恐不及。說不定，脆弱能幫助我們面對自己的人生，坦然說聲「好」。

在一段感情裡，率先開口說「我愛你」的一方，也許會顯得脆弱；坦承自己對某件事渾然不知，或亟需求援，也可能顯示脆弱。一旦授予對方「權力」來瞭解自己，我們賴以慰藉的安全感也許會受威脅。他會不會說，他也愛我？如果開口求援，她會不會利用我的弱點？沒錯，這些恐懼都是正常的。但若能換個角度，不妨肯定自己很有勇氣，並且發揮得淋漓盡致。愛人並不可恥，即使對方不愛我也一樣。求援並不可恥，即使對方無力幫忙也一

樣。隱藏自己的感受、否認自己的需求，才是真正的軟弱。

　　休士頓大學（University of Houston）研究教授布芮尼・布朗（Brené Brown）博士主張，誠懇真摯的人，有一個共通的特質，那就是脆弱。她在一場精采絕倫的 TED 演講[1]及有聲書《脆弱的力量：真實、連結、勇氣的信念》（The Power of Vulnerability: Teachings on Authenticity, Connection, and Courage）[2]解釋道，脆弱是種勇氣，接受自己的不完美、從事沒把握的事、放下自我期待、展現真實的自己。「允許自己被人看見」，就算不完美也沒關係；唯有如此，才能全心全意擁抱人生。布朗博士進一步指出，許多人誤以為，我們能選擇性麻痺自己的情緒，壓抑苦痛、慚愧、恐懼、失望的同時，還能由衷感到喜悅、感激、快樂。事實不然。壓抑負面情緒之時，我們也在壓抑正面情緒。接受自己脆弱的一面，全心全意投入人生，意味著要接受此一事實：擁有好的、壞的，甚至醜陋的一面，才能構成最真實、美好的人生。她說，喜悅、創意、歸屬感、愛，皆誕生於脆弱。

　　愛、藝術、商業或善良，無論你以何者為使命，我們都必須展現勇氣、誠心誠意投入其中。總是有人會嗤之以鼻，沒有關係。知道這一點，會令人快活許多！我們不可能取悅每一個人。這是不可能的事。我們必須停止為難自己，專注在展現最真實的自己。

　　越仔細思考，我越發現，善良與脆弱之間密不可分。先前提過，裝好人與實踐善良是不同的。*裝好人時，不必展現脆弱的一面*。裝好人時，不需冒著風險，不需暴露太多真實的自己。裝好人時，不需與人連結，不需在意互動結果是否有所助益。裝好人時，只需和顏悅色，不需真誠以對、全心投入。只要裝好人，便能自我防衛、窩在安全區域，不必暴露真實自我。

善良截然不同。善良意味著，要與人連結；隨時隨地留心，自己的一言一行會產生何種影響；要付出精力，在意結果為何。善良意味著，即使不完美，也要展現最真實的自己。也意味著，要延遲批判，接受別人原本的樣子。可能打亂原本的生活步調，陷入尷尬窘境，笨手笨腳，舌頭打結。善良意味著，我要冒著風險。一言以蔽之，人要善良，就得顯露出脆弱的一面。

　　自從立定志向，投入善良的人生，我立志做一個*善良的人*，不再*裝好人*。別人也許察覺不到差異，但自我覺察才是最為重要的。肯定他人幫忙、解釋新流程、捐幾張小鈔給需要幫助的人……不論何時，我都試著與人連結，只有短短一瞬間也好。留些時間與人目光接觸、交談幾句，讓對方知道自己有*被看見*、存在價值被人肯定。從這些小小舉動，不言而喻的是，我們都是凡人，都難免有脆弱的一面。這麼做，令人受益良多。

　　自小生長的環境，父母鼓勵我要變聰明。或許很多人和我一樣。對父母來說，成績比什麼都重要。高分能得到獎賞，低分（泛指沒得到 A）會令父母失望；我總是膽戰心驚，深怕父母失望。於是，我期許自己成為一個絕頂聰明的人，永遠握有標準答案。一般而言，學校及職場環境，都在在強調這些特質有多重要。直到人生來到某階段，我開始意識到，自己不可能樣樣通，也不可能永遠答對。起初，我會覺得有威脅感。承認自己對嶄新主題或科技所知甚少，大家會不會覺得我很無知？我會不會漸漸失去某種假想優勢？透露自己脆弱的一面，學會開口說「我不懂」或「請示範一下怎麼操作」，需要很大的勇氣與決心。別人教你一遍，若還是「霧煞煞」，請對方再示範一次，需要更大的勇氣和決心。

　　但我發現，提問後，大家不僅沒苛刻批判我，反而歡迎我發

問。能有機會發揮所長、分享知識,他們非常開心。於是,我學會問問題,拓展知識圈。不再期許自己無所不知、無所不會、樣樣精通,著實讓人鬆了口氣。再也不必假裝會。身邊圍繞著聰明的人,作為一個團隊,我們可是絕頂聰明。此外我還發現,一旦願意示弱,承認自己無知、缺乏經驗,他人似乎也更能卸下心防,更願意前來尋求幫忙,也更願意坦承自己需要支援。若自認時時刻刻都得運籌帷幄、聰明伶俐,在辦公室裡無人能敵,那該有多麼孤獨。

文字或言語上談論善良,邀請大家來觀看或聆聽我的想法,也是一種顯示脆弱的行為。分享內心深處的想法,訴說自己最重視的觀點,可能引來他人批判,甚至批評。此外,我會不會講太多自己的事?還是講得太少?我會不會太自以為是高談闊論(喔,但願不會)?是不是早就有人談過了?而且談得更深入?我是不是完全沒講到重點?

若允許自己顯露脆弱的一面,答案會是:*又沒關係*。布芮尼·布朗的觀點十分精闢[3],她主張,人與人之間互為連結,是我們存在地球的共同使命,也是人生最重要的意義與目標。人際連結要緊密,*首先要允許自己被看見*。換言之,要有勇氣接受自己的不完美、暴露缺點,並願意坦露自己脆弱的一面。

剛開始留意善良訊號時,你也許會感到尷尬、沒安全感、不自在。非常好!這代表你找到自己脆弱的一面了。全心擁抱它吧,允許自己的善良日漸茁壯。

真心誠意投入生命,定義或許因人而異,但無論如何都意味著,我們要卸下心防、放下戒心,擁抱自己的缺點與脆弱。對我來說,選擇善良便是人生使命,或許善良也是你的使命。真誠度

過一生，挑戰十分艱鉅，但回報將遠遠超乎想像。


**化善良為行動**：記憶中，曾否有感到脆弱的時候？回想當時，你有何反應？你是否倒退一步，回到「安全區域」？還是說，你選擇繼續向前邁進？無論何者，請試著想像，當時若反其道而行，事情結果會如何？也許你會變得更開心，或更為鬱卒，但不論如何，反應當下，若能接受自己脆弱的一面，你是否感覺到一股力量油然而生？想想看，在大多數人眼裡，自己是怎樣的一個人：是否真實誠懇，抑或盲目符合他人期待、為求安全而選擇性展現自己？對於完美，你有何感觸？你是否鍥而不捨追求完美，或者，你早已體認到，完美只是迷思，只會阻礙我們成為一個有趣、充滿矛盾、不按牌理出牌的人，而這些才是我們凡人應有的共通特質？小時候接收到的訊息，是否早已不適用，但你卻遲遲不肯放手？若身為家長，你所傳遞給孩子的訊息，是鼓勵他們真誠做自己、勇於展現脆弱的一面，還是要追求那難如登天的完美境界？若還沒看過布芮尼‧布朗的 TED 演講，不妨為自己倒杯茶，用 Google 搜尋一下吧。花二十分鐘，絕對值得！

# 第三十節——選擇支持或反對

「善良本身即動機。發揮善良的同時，會讓我們變成善良的人。」——賀佛爾（Eric Hoffer）

我發現，最近看報紙或聽新聞廣播時，會不知不覺留意善良的報導。但願這代表，內在漸漸形成一種雷達，會自動搜尋辨識善良，像動物有返鄉本能一樣。我深深相信，用心尋索，眼前就會看到什麼。假使一天到晚挑毛病，我們會練就一身功夫，從雞蛋裡挑骨頭，凡事皆不盡人意。倘若看事情時，能關注好的、對的、充滿希望的一面，我們所看到的世界，便將是如此。

美國漫畫家阿什利‧布里恩特（Ashleigh Brilliant）的幽默小語明信片，已經有些歷史了，多年來仍被我釘在布告欄上：「就算東西不存在，只要用心去找，終究會被你找到。」前陣子，有朋友發現這張明信片，好奇問道，我貼在牆上的名言佳句、漫畫都這麼正面，怎麼唯獨這張例外。我當下愣住了。

我回答：「這張*很*正面啊。它是在鼓勵我們要堅持信念。就算現在還沒找到，也總有一天會浮現。妳以為是什麼意思？」

看來，她與我解讀截然不同。她答道：「如果相信老公有外遇，只要我用心去找，一定會發現他在偷吃。」

好吧，這樣解讀也確實沒錯。〔有雷慎入：後來沒過多久，那段婚姻就玩完了。〕

我認為所謂的真實，都是我們自己打造的，大多情況皆然。

我認識的人當中，有人歷經生離死別、病痛纏身、命運乖舛，卻仍抱持著正面人生觀，經歷任何事情，都想辦法看好的一面。與他們相處，是多麼幸福的一件事。

也認識一些人，一旦蒙受損失或遭遇不幸，便怨天尤人，責怪世間不公。碰到前所未有的狀況，都預期結果會以失望收場、會遭人利用，而多半到最後，也都在在驗證自己所言不假。說到底，這些反映著的，是他們對人生的預期，其散播的氣息，盡是深不見底的鬱鬱寡歡。與這些充滿負能量的人相處，不僅開心不起來，也十分耗損精力。

這並不代表，我們要成為盲目樂觀的人。總是假裝若無其事、強顏歡笑，與無所不在的悲觀主義一樣，令人精疲力竭。你的雷達若像熱追蹤飛彈般，不斷搜尋錯誤、瑕疵、缺點，這樣的人生恐怕慘淡而無味。這又回到了千古難題：杯子究竟是半滿，還是半空？

我們每個人，都應當選擇看待人生的角度。我們必須選擇立場、適時挺身而出。換言之，要成為掌握自己人生的積極分子。不必把自己綁在樹上，或到人擠人的街道靜坐（這招說不定還行），但最起碼，我們要以自己的方式，挺身捍衛信念。看到不善良、不公不義、偏狹之舉，要開口或站出來，提倡善良、正義、包容。要以極端的負面思考過人生，還是以成熟的樂觀態度活一輩子，關鍵便在於此。

據聞，德蕾莎修女說過這麼一句話：「曾有人問我，怎麼不參加反戰示威抗議。我說，那種我絕不參加，但如果有支持和平的集會活動，我絕對參與。」

想起這段話，是看到《西雅圖時報》（Seattle Times）的一

篇報導[1]。專欄作家傑瑞‧賴基（Jerry Large）寫道，西雅圖北方的近郊小鎮史諾霍米須郡（Snohomish），一位名叫潘‧艾莉特（Pam Elliott）的女性，原在「年輕生命」（Young Life）擔任志工領袖。「年輕生命」是信譽卓著的基督教組織，主要服務對象為高中生。這名女性職位遭到撤換，「罪狀」在於偕同幾位媽媽，幫西雅圖自豪大遊行（Seattle Pride Parade）做布置，還在個人臉書上張貼照片。朋友的兒子是同志，向來相信人人平等的她，以實際行動表示支持。

「愛，都是一樣的，」艾莉特說。「我並不是什麼狂熱分子，只是要支持我朋友。這是朋友之間本該做的。我愛我朋友的孩子，就像愛自己的孩子一樣。」

「年輕生命」組織要她取捨。只要撤掉臉書貼文、與同志權利運動脫鉤，便能保住熱愛的職位──志工領袖。最後她決定，繼續力挺朋友、朋友的孩子。她認為，這才是對的。我不是要把潘‧艾莉特女士比喻為德蕾莎修女，但艾莉特確實和德蕾莎修女一樣，選擇站出來支持某樣信念，而非反對某樣事物。

以正面取代負面，以好的取代壞的，以善良取代置身事外……當我們積極做出選擇，理想世界將距離我們越來越近，進而綿延下去、造福後代子孫。

看新聞時，我會特別留意這類報導；看到時，會感到人生充滿希望。


**化善良為行動**：*接觸新事物時，你通常膽戰心驚，還是懷著正面期待？記憶中，是否有過某個事件，最後的結果或反應，取決於*

你的人生觀是正面或負面？生活中，有哪些觀念，只要換句話說，便能有所改變？與其厭惡某種信念、情境、行為，不妨轉移注意力，聚焦在恰為相反的事物上？舉例來說，與其譴責偏執，不如提倡包容？接下來幾天，試著留意，你通常從什麼角度看待人生各種經歷及境遇？也思索看看，看事情的角度，會如何影響結果？

第二章　良善的選擇

# 第三十一節——你想留下什麼遺產？

*「一項任務，最重要的並非任務本質，而是其背後的奉獻。」*
——猶太哲學家馬丁・布伯（*Martin Buber*）

《品格：履歷表與追悼文的抉擇》（The Road to Character）[1] 一書前言，大衛・布魯克斯（David Brooks）談及「履歷美德」與「悼詞美德」之間的差別。布魯克斯主張，前者是列在履歷表上的技能與專長；這些能力可助你找到工作、在職場上平步青雲。悼詞美德則指一個人的品行，通常喪禮上才會浮現出來：「品行是一個人的核心，能反映你是否善良、勇敢、誠實、忠誠，也反映你如何待人處事。」布魯克斯坦承，自己大半輩子，都把履歷美德列為優先，悼詞美德則為次要。

才讀到布魯克斯的悼詞美德觀點不久，遭逢鄰居意外過世，參加了追思會。即使場面哀戚，笑聲卻此起彼落。親朋好友、左鄰右舍、職場同事，紛紛起身分享這名男子慷慨、體貼待人的事蹟。生前，他會耐性教導孫子怎麼釣魚，孩子嚇壞時，會耐心安撫；鄰居有難時，總是率先主動幫忙；說故事功力一流，無人能比。作為一位功成名就的商務人士，同僚讚美的卻是他幽默風趣、慷慨大方、心胸寬大，沒人提起他工作技能多強、財富萬貫。生前，名利上的成就再重要，死後為人惦記著的，卻非一個人多麼成功。

我想，大多人都不願去預想喪禮的事，也不願去想，大家滿面肅穆站在臺下，或事後吃瑞典肉丸、馬鈴薯沙拉時，會聊些關

於我們的什麼事。但十之八九，沒人會去談你生前累積多少財富或資產，或歌頌你多會做簡報、試算表，或多會賣車、寫程式、設計加熱系統。偶爾也許有例外，但不會是讚揚技能本身，而是你發揮所長時，全心全意投入的敬業精神。

也許大家會談到，我們對工作充滿熱忱，待人幽默風趣、耐性十足、正直善良。撇開工作，可能聊聊我們特出的人格特質，如勇氣、忠誠、值得信賴、奉獻、同理心、承諾等，因人而異。在不同朋友、同事眼中，我們也許有不同樣貌：也許是良心益友、好夥伴、善於社交的鄰居、幽默風趣的隔壁同事。我們給他人留下的印象，可能取決於交情、利益、互動關係；但無論如何，我們或多或少有一些鮮明性格，足以作為後人的遺產。

工作上對社會、全世界福祉有卓越貢獻的人，比如醫生、政治家、作家、科學家，會為後人所紀念的，並非其技術高超、成就非凡，而是背後的奉獻精神、超群毅力。以外科醫生來說，除擁有高超的手術技巧之外，同等重要的是，其能否以同理心對待病患、病患家屬、手術室同僚。二十一世紀文學巨擘，若私底下是個無惡不作的混蛋，也頂多浪得虛名罷了。

這些問題值得省思：我們想留下來的遺產，是友誼、勇氣、誠信……或善良；生命到最後，是否不願留下遺憾。培養技能、發揮專業或創意、追求功成名遂之餘，別忘跳脫技能或職場能力框架，培養個人品格上的成功特質。想想看，每天晨早起床，你希望將何種價值觀或美德佩戴在身上，陪你度過一整天，睡覺時塞在枕下。誠信、善良、正直、友情、勇氣，或以上皆是……無論何種悼詞是你所盼的，試著用每一天付諸實踐。

**化善良為行動**：*想想看，你的履歷美德、悼詞美德分別是什麼（或你希望是什麼）。你多半關注哪些事物？倘若明天，生命將來到盡頭，你希望留給後人什麼印象？談起你時，會說些什麼？你希望大家記憶中的你，會是怎樣的人？若與現實中的你仍有差距，從今天起，要如何把目標落實在每一天，為後人留下你最珍貴的遺產？成為理想中的自己，永不嫌遲。*

# 第三十二節——善良一視同仁：
## 不分對象、不帶條件

「*體貼他人，是給孩子最好的生命教育，比任何大學文憑都來得受用。*」——瑪麗安·萊特·埃德爾曼（*Marian Wright Edelman*）

　　練習善良的那一年，我發現身邊的善良之舉越來越多，不僅更常付出、接受善舉，他人之間的互動也添了一分善意。然而，也有不盡如人意的時候。曾在診所，有年長患者聽不懂何謂部分負擔，櫃臺人員大聲嚷嚷，不耐煩全寫在臉上。到聖地牙哥入住美輪美奐的度假飯店時，有個面色不悅的客人，抱怨沒空房能升等，儘管接待人員連聲抱歉，女子怒氣沖沖掉頭就走，嘴上不停叨唸：祕書怎麼給我訂這種飯店，真是糟糕透頂。當時，聽得我十分不安。輪到我辦理入住時，我特別告訴櫃臺人員，這間飯店有多麼棒，很期待這次的住宿。他感激地露出微笑。舉手之勞，不可小覷！

　　有些時候，人們似乎會對行善機會視而不見。有些時候，在職場、街道或商店裡，人們似乎會依據一個人的身分，來決定如何對待。

　　幾年前，新聞報導[1]指出，華盛頓州東部發生一起事件。一名男子正在整修自家住宅，抽空到銀行兌現支票，結束後，請行員折抵停車費。行員瞟一眼他破舊的衣服，說道：光憑支票兌現的交易，不足以折抵六十分美元的停車費。男子要求跟銀行經理

理論，只見經理上下打量他，得出同樣結論：不能折抵停車費。經理和行員都以為他是窮光蛋，說話態度既沒禮貌而輕蔑。面對這般無禮對待，男子決定把存款全提出來，存到街上另一間銀行──金額超過百萬美金。

這起事件，引起各報章媒體大肆報導，給大家的教訓卻是：「不該以貌取人，」完全沒說到重點。彷彿只要對方是流浪漢，嗤之以鼻乃合情合理。對任何人輕蔑，都是不對的。這起事件更深一層的教訓應是：真正的善良，不該因情況而異，且要一視同仁。

有句老話說：「對你善良，但對服務生傲慢的人，不是善良的人。」但這樣的人充斥在你我身邊：有些白目的人，對待服務生、收銀員、工人，一副不可一世的模樣，彷彿這些人天生就得伺候自己。

我們也親眼目睹，許多人碰到名利雙收、或身分「了不起」的人士，就恨不得百般討好，在他們眼裡，我們這樣的尋常百姓彷彿是隱形人，或鞋子上沾到的髒東西。

辦公室就曾有過這樣的例子。有人致電給我，說他老闆是國家級講者，想在我們客戶的研討會上擔任講者，請我幫忙推薦一下。他極盡諂媚奉承之能事，顯然想跟我們開啟合作，視我為敲門磚。我們聊得很愉快，最後還請他把老闆的相關資訊寄給我。電話掛上後，我們的接待員艾莉森（Alison）來到辦公室，問剛才那名男子是否有待我無禮，因為他剛才對她態度十分無禮。他不僅言語霸凌，還把她當成自己下屬，呼來喚去，咄咄逼人，毫不尊重，*堅持要直接與我通話*，而且*現在立刻馬上*。對待我的方式，簡直有天壤之別。當然，我絕不會讓他老闆與我任何客戶合

作。我絕不鼓勵霸凌！

羅伯特・路易斯・史蒂文森（Robert Louis Stevenson）有句名言：「人人遲早會坐享後果的筵席。」這名仁兄不妨參考看看。對於一路上總是選擇善良的人，筵席間的佳餚，肯定更加美味可口。

有些人似乎以為，唯有對方或多或少對自己有利、有助達成目標，比如升遷、認識有力人士，才需要裝好人。舉例來說，面對銀行出納員時，他們就會妄下評斷：*這個人很重要（或不重要），所以我該以這樣的態度來應對。*

對待服務生、接待員、服務業人員可以態度隨便；究竟是從哪裡學來的？我猜想，很可能是耳濡目染所致，比方最早從父母親身上學來的，接下來是老師、老闆、朋友、陌生人。或者從電視上學來的。孩子總會有樣學樣，不知所以然。本章開頭的瑪麗安・萊特・埃德爾曼名言，相信對家長、教師十分有益，不妨在教育孩子時傳遞行善的價值，孩子將會一生受用無窮。

對有些人來說，若對方沒利用價值，便不會善良以對。沒辦法，世上總是不乏這種愚蠢之人。好在，大多數人皆非如此。我們只需偶而提醒自己，善良具有漣漪效應，且不必付出代價。

真正的善良是沒有選擇性的。善良的人，不分對象，皆以善良待之。

**化善良為行動**：*實踐善良的路上，你有留意到類似狀況嗎？有時，這些善舉是否有選擇性？記憶中，你或他人曾否因身分地位或外貌，未受到善良對待，或得不到尊重？對他人妄下批判時，你能*

否回想一下，這些批判是從何學來的？你能否學習放下？請務必記住，無論是任何人，都值得我們以善良、尊重相待。

# 第三十三節——喔，原來故事 是我們自己捏造的！

「改變自己，出奇簡單。只要順著注意力，好好留意就對了。」——美國演說家瑪麗琳・弗格森（Marilyn Ferguson）

駕訓班給我們的教訓是：人人皆有**盲點**。無可避免。眼睛結構使然，有一區光線進不了，導致視野阻礙或缺陷。我們也許未曾發現自己有盲點，因為大腦善於補償，能自動填補空白，讓周遭視野顯得完整無缺。

撇開生理構造，心理層面也有盲點；對於未知訊息，大腦同樣會試圖解讀，結論不一而足。我們都碰過類似狀況：缺乏資訊時，大腦會捏造故事，填補空白，通常結果是：故事漏洞百出，還可能傷人。

舉例來說，兩個同事經常與你吃午餐，某天中午居然沒找你一起吃飯。充滿疑惑的你，編造了這樣的故事：凱瑞（Carrie）花時間弄的預算表，你卻說沒時間檢查上面的數字，果然得罪人了；早上進辦公室，沒順道跟艾莉卡（Erika）聊個幾句，她肯定不高興。她們可能以為你在生氣，現在倒好了，換她們氣你了。她們一定趁中午說你壞話，吐吐怨氣。

午餐結束，三十分鐘後，她們回到辦公室時，你的內心劇場早已搬演完畢，也說服自己：她們背信忘義，不想跟你做朋友，全辦公室沒人想與你為友。她們憑什麼？還不是你太不會做人，人見人厭！

這時，凱瑞、艾莉卡走回辦公室，手裡拎著外帶速食。這才知道，原來艾莉卡開車去保養，凱瑞跟在後面，載她回來；怕耽擱時間，順路草草買了外帶，現在才回到座位，匆匆果腹。

　　你所編造的故事，與事實差了十萬八千里：你沒惹人生氣，沒得罪人，更沒人背地裡說你不是，你並非糟糕透頂、一無是處的大爛人。

　　聽來很荒謬？也許誇張了點，卻時時刻刻發生在我們身上。某人行為背後的原因不得而知，於是胡亂猜測其動機，毫無事實根據。其實，反映的是我們當下的心情、不安全感，或憑空捏造故事的能力罷了。

　　有多少次，另一伴或某位你重視的人，態度有些冷淡，你以為對方怒氣沖沖、感到乏味，或心懷憤恨，全因你沒把午餐碗盤拿去洗。真相卻是，他只是在努力回想八年級數學老師的名字，卻怎樣也想不起來，快要抓狂。

　　許許多多年前，我在某組織擔任執行董事，聽聞董事會召開會議，卻沒告知我，悶氣生了足足有二十四小時。開會怎麼可以沒找我？是不是哪裡出錯，才不讓我出席，好議論我？該不會是要趕我出門？最後實在按耐不住，拿起電話撥給董事長道格（Doug），解釋道，協會理事不該在執行董事不知情、未出席下開會；我有責確保大家沒牴觸反托拉斯法、非營利組織法。接著我問道，他們開會沒找我，背後是有什麼動機？電話另一頭，沉默許久，應該說是非常非常久。

　　最後，道格開口：「我們當然知道，多娜。平常開會，絕對都會讓妳知道，但研討會快到了，我們想表彰妳，謝謝妳為我們大家的付出。我們是在討論，在什麼時機舉辦特別儀式比較好，

還有，要買什麼謝禮給妳。」

我真想找個地洞鑽進去。

有過那次尷尬的經驗後，碰到難以解釋的狀況時，我會試著往好處想，避免往壞處想。既然往好處、壞處想，結果都可能與事實相悖，但與其折磨自己、大驚小怪，讓自己陷入昏天暗地、疑神疑鬼的深淵，何不盡興多往好處想？

### 善良的課程

訊息量不夠時，不妨花些時間，思考我們當下感受、該怎麼做；以下幾個善良課程，值得好好學習：

第一課：**問題並非出在我們身上……老實說，通常都與我們**_無關_。我們雖是自己的宇宙中心，但在別人心裡，我們通常沒占有如此崇高的地位。經常提醒自己，會快活許多：「別在意別人怎麼看你，大多時候，大家根本沒在意你。」

第二課：**既然不知情，就順從你的好奇心吧**。對於未知事物，發揮好奇心，試著從同理心、善良的角度去尋找答案。敞開心扉，抱持好奇心，你便不再有餘裕感到氣憤；所幸，你永遠有餘裕善良。

第三課：**多往好處想**。面對別人的惡意或憤恨，與其沉默以對、惡言相向，不如對自己簡單說幾句：「她不是故意要這麼做，我相信她是出於善意。」我們為何總往壞處想，不往好處想呢？

第四課：**故事要怎麼編造，我們永遠有權選擇。**就算愛小題大做，也要多從正面角度來編造故事。多些自我覺察，絕對益處多多。

第五課：**我們永遠有權選擇和平。**我們能控制自己的感知與反應，也能選擇讓自己平心靜氣。需要練習，人人皆可辦到。

對自己訴說的故事，擁有一股力量。只要多些覺察，便能善用這股力量，改變人生，甚至全世界。

**化善良為行動：**上次碰到未知情況時，你是否有編造故事？是正面還是負面？下次遇到類似狀況，你打算怎麼做？你曾否對某人某事誤會大了，如今回想起來，令你哈哈大笑（或難為情）？有時，你會不會感到膽怯，而進退不得？其實大家都忙著擔心別人怎麼看待自己，以至於無暇批判你；若能領悟這一點，會不會有所幫助？下次碰到未知狀況時，若發現自己開始想像無邊，不妨藉此機會，盡情發揮想像，打造正面或和平的故事吧。

# 第三十四節——你(究竟)在尋找什麼?

「*若要在追求正確或善良之間做選擇,那就選擇善良吧。*」
——美國作家 *R. J.* 帕拉秋 (*R. J. Palacio*)

練習善良的一年,除了藉此機會行善,也學習到如何更常舉手之勞發揮善心。此外,也更容易覺察善良、留意他人的善行,並予以肯定。

我本以為自己會觀察到,惡行惡狀層出不窮,或行善機會總是白白錯失——而且錯失機會的應該是我——但結果是,我根本不想耗時留意這些負面案例。誠如荷西・奧德嘉・賈塞特所言:「只要你告訴我,平常你關注些什麼,我就知道你為人如何。」

這樣的人生態度,並非與生俱來的。母親的身教,與此迥然不同。自小成長經歷使然,母親學會不信任人,先入為主認定,人都是不可靠的,除非確定對方值得信任,否則都必須保持距離。碰到前所未有的狀況時,也抱著相同信念,預期背後有看不見的東西,會冷不防傷害自己、令她失望。從小,我得到的訊息是:*人生充滿危險,要步步為營,大多數人只要找到機會,就會利用你,千萬別與人走太近。*

即使有母親的例子,據我個人經驗,世界沒這麼可怕。日常生活中,大多時候,我們都能得償所願。期望他人能尊重我、以禮相待,一般都能如願;得不到應有對待時,反而會大吃一驚。當然,我是從一個中年、中產階級的白人女性角度來講。換成其

他年紀、種族、性別、背景、情況，也許他人待我的方式會有所不同，這點我倒不諱言。世上仍不乏充滿偏見恐懼無知、待人無禮之人。若能展現自己最好的一面，多看到別人的好，世界才會變得更為美好。

## 當職業變成職業病

許多聰明、慷慨、善良的人，由於職業關係，必須雞蛋裡挑骨頭，從而得到報酬。我們公司負責管理非營利組織，這些年來，從特定客戶身上就看到這種狀況。建築檢查員、臨床診斷師、審計員等職業，必須挑錯、尋找反常或不夠精確的現象，來獲致工作上的成就。有些時候，他們容易在日常生活中犯職業病，渾然不知，此舉有失恰當、會得罪人。電子報有錯字，他們總是率先糾錯。就連樹籬怎麼修剪、草怎麼除，也都很有意見。到泰式餐廳，也要跟女服務生反映，菜單上的「歡迎光臨」（Wellcome）拼錯了（譯註：正確拼法為「Welcome」）。（要不這樣好了，我們去曼谷開餐廳，看能不能學會把字拼對）

可悲的是，這種人終其一生，無暇好好欣賞音樂之美，只會去追究有沒有漏一拍。

有些時候，他們只要稍微開口，就能讓氣氛頓時凍結、樂趣全消。他們挑錯，「只是為了幫忙」，絲毫沒顧慮到，被挑錯的人，可能會心生厭煩、士氣低落，甚至受到打擊。這樣的行為，殺傷力十足，在董事會會議室屢見不鮮。身為這種人的配偶或父母，有多難熬，難以想像。

以上給我們的教訓是，專業上游刃有餘，不代表此人會是好

相處的父母、同事、朋友、董事會成員。有些時候，碰到無關緊
要的失誤、發音或陳述錯誤，睜一隻眼閉一隻眼，反而是最善良
的舉動。工作上若要求你挑毛病、展現自己聰穎過人，要學會睜
一隻眼閉一隻眼，恐怕不容易。我想，追根究柢，要問自己：*你
想當個正義魔人，還是過得快樂點？*……魚與熊掌難以兼得。這
個教訓，值得我們一學再學、溫故知新，並於日常生活中有所取
捨，反覆再三。

　　有個編輯朋友曾告訴我，他很難享受閱讀，職業病難改。每
次看一部作品，就情不自禁找錯字或順句子，難以盡情感受作者
的熱情，更遑論徜徉在故事情節。

　　《如何生活有道》（How, Then, Shall We Live?）[1] 一書，是
我十分鍾愛的著作，作者韋恩・繆勒曾委婉描述，增進批判能力
的同時，可能陷入難以包容的困境：「思考，決定我們是怎樣的
人。耗費大量精力，探究自己有何錯誤信念，久而久之，我們只
會變成找碴專家……挑毛病的能力與日俱增，卻不再創造人生的
美好與意義。」

　　生活中老是挑毛病，這樣的人生不僅難以知足，恐怕也難以
善終，除非希望自己的遺言是：「我早就告訴你了。」

### 選擇和平

　　我們能選擇以什麼角度看世界，也能選擇如何與之互動。
虔誠、特立獨行的美國小說家安・拉莫特（Anne Lamott），著
作《恩典（終於）：關於信仰》（Grace (Eventually): Thoughts
on Faith）[2] 精采絕倫。書中提到，自己曾被地毯銷售員詐騙。花

五十美金幫教會買的地毯，居然發霉，根本不能使用。連日來為了退費，跟銷售員一來一往，怒氣不減反增，最後，拉莫特選擇和平，放棄爭取權益。退還「地毯男」的空頭支票時，還附上一束雛菊。即便如此，地毯男仍祭出最後一擊，責備她出言不遜。白花五十美金、什麼也沒買到，但拉莫特沒反擊對方的惡言相向，反而選擇放下。

讀到拉莫特的故事，不禁反思，換成是我，碰到相同情況，會作何反應。我能否放下執念，不再爭取孰（我）是孰（他）非？我能否善罷甘休，不選擇回擊？無論是五十美金，還是五塊錢，我能否選擇和平，退一步海闊天空？我能否放棄爭取公道，換取和諧？

也不禁反省，他人對我有尖酸刻薄、批評、輕蔑的話語時，過去自己如何反應，未來又該作何反應。但願自己做出明智選擇：

・我可以有樣學樣（「以牙還牙」），同樣尖牙利嘴、得理不饒人：「我從沒聽過這麼愚蠢的話。」十成八九，衝突會升溫。

・我也可以展現自己高人一等，對於這種雞毛蒜皮的批評，根本不屑一顧：「你這樣亂罵人，真是可惜。」背後寓意是，*我真為你感到可悲，你這食古不化的老糊塗*。如此一來，衝突或許不會升溫，但對方或許會覺得，自己被搧了一記耳光。

・我可以全然忽略對方，對其一言一行置之不理。對方疑似精神異常或精神錯亂時，這種回應尤其是安全之舉；但對於化解衝突，卻於事無補。畢竟，我同樣在展現個人優越感：「我才懶得理會你這種人。」情況絲毫不會有所改善！

・我也可以坦然面對自己的恐懼、自尊心，思考如何與人

連結，對他人的恐懼與自尊心感同身受。我可以表示：「很抱歉讓你有這番感受，如有冒犯你的地方，我很抱歉。下次我會更注意。」重點是，我必須發自內心。如此一來，衝突或能終結，雙方步上和解之途。若話中帶刺，帶有一絲瞧不起、不誠摯，雙方只會繼續針鋒相對。說話時若心懷怨懟，認為自己*明明*對，卻要坦承有錯，那麼，這招也完全不管用。即使對方的回應傲慢狂妄、口無遮攔，甚至顯然有惡意，我仍舊得保持冷靜，堅定信念。

　　這需要練習，起初可能會覺得笨拙尷尬，還可能陷入避之不及的境地。但，就像彈鋼琴、打網球一樣，要不斷練習，技巧才會越來越純熟。美國作家茱莉亞・卡麥隆（Julia Cameron）的智慧箴言，給我極大撫慰：「要有長進，還要光鮮亮麗，是不可能的事。」

　　記憶中，近幾年來，別人口頭上攻擊我，我不曾反嘴回去。這不是我的風格。我人太「好」了。不過，可惜我仍有不少時候，會回以漠不關心、輕蔑鄙視，有時甚至高高在上。通常，我會去察覺對方的態度，進而決定要作何反應，無論對方是家人、朋友、同事、服務業人員或陌生人，都沒例外。察覺有時會出錯，但要如何察覺、回應，卻是我能夠控制的。誠如前面所述，發揮善良，此時正是時候。

　　屈服，未必代表放棄或放下。我認為，屈服也意味著，*敞開心胸，學習接受*。面對那位不牢靠的地毯男，安・拉莫特即以此態度化解衝突。從此角度來看，選擇善良的回應方式，便不那麼難了。我不是要投降，也不是我軟弱。只是要發揮更好的一面，讓善良得以發聲、充滿勇氣。我選擇和平。

**化善良為行動**：碰到前所未有的情況，或與剛認識的人互動時，你通常如何應對？你預期會進展順利，抑或阻礙重重？待人處事時，你傾向找碴、雞蛋裡挑骨頭，還是盡量往好的一面看？除非對方行為有異，否則剛開始時，你能否選擇信任、延遲批判？接下來幾天，與人互動、有所預期時，留意自己採取什麼態度，並思考看看，對方行為背後有何動機，如恐懼、不安全感、無法容忍錯誤等。接著，若發現自己總往壞處想，試著改變自己的期待。印象中，你曾否選擇糾正錯誤，將快樂、和平擺在一邊？關於那次經驗，試著重新想像，自己採取不同的回應方法，結果也隨之轉變。你是否意識到，選擇善良，有時雖意味著，你得放棄與人爭論、輸掉幾塊錢，但其實更需要力量與勇氣？下次，與朋友、同事、家人、陌生人意見不合時，若放下身段，選擇屈服，讓對方占上風，觀察自己有何感受。你會覺得自己吃虧，還是某方面占了便宜？

第三章

章良

不善

面對

如何

# 第三十五節——成年霸凌者

*「審視你的內心，看看痛苦來自何處；無論碰到何種狀況，都別施加於人。」*——凱倫·阿姆斯壯（Karen Armstrong）

即使是大善人，也會有心情糟透、言行舉止不夠善良的時刻。我想，即便是德蕾莎修女，也偶而會感到煩躁易怒。但若是持續反覆、毫無悔意的不善良之舉，就不算是一時失誤或失態了。通常，這是霸凌的象徵。

一般來說，有慣性不善良舉動的人，有一種無謂的特權感，容易動怒，內心充滿恐懼。容易備感威脅，害怕遭人拒絕，害怕尷尬，害怕顯得軟弱或愚蠢。

許多年前，我有一個男同事，經常怒氣沖沖，公然炫耀自己的人生觀是「I.O.」。意指「即時進攻」（Instant Offense）。與任何人互動，都要占上風，總是想方設法，在互動當下，讓對方立刻屈於防守的一方。

他是個大塊頭，曾是棒球選手，深知自己的體格能虛張聲勢。若對方不吃這一套，他會拋些問題讓人難堪，或譏諷對方說的話，翻翻白眼。他擅長上下打量別人，讓對方自以為低人一等。直到後來我才意識到，這就是所謂的霸凌者。

許多年過去，我仍舊好奇，他究竟害怕些什麼。是否害怕別人看穿他的表象，發現內心其實缺乏安全感？是否沒達到自我或他人的期許，為掩飾失望，才選擇攻擊別人，以免別人看到最真

實的自己？或許曾被深深傷害，為避免舊事重演，乾脆選擇主動攻擊別人？或許，自小被教育，有這些舉動才是「男子漢」。或者，他純粹是毫無悔意的混帳，以折磨威脅別人為樂。

我當時盡可能避開他，所幸在我們共同任職的公司內，並沒有太多場合需要交集。不過，我倒是好奇，現在若再碰到他，歲月洗鍊下，個性是否溫和些？

根據網站 www.bullyingstatistics.org[1] 介紹，「成年霸凌者，通常在兒童時期就是霸凌者，或在兒童時期受過霸凌。」該網站指出，成年霸凌者可分為五種：

**1. 自戀型成年霸凌者：**這類型的成年霸凌者，以自我為中心，與人互動缺乏同理心。對於自己造成的後果，鮮少感到焦慮。看起來充滿自信，實際上卻是靠貶低別人，來維繫不堪一擊的自戀。

**2. 強迫型成年霸凌者：**這類型的成年霸凌者，霸凌行為通常是不由自主的，也並非事先策畫的。即使知道會造成後果，這類霸凌者也難以控制自己的行為。以某些案例來說，這類霸凌並非出於故意，而是長期以來的壓力所致。

**3. 肢體霸凌者：**成年霸凌者鮮少採取肢體對峙，但仍有少數屬肢體霸凌者。以某些例子來說，成年霸凌者不必然會造成身體上的傷害，卻可能以肢體傷害或宰制作為威脅，對受害者造成揮之不去的陰影。肢體霸凌不盡然是肢體對峙，也可能指奪取或破壞他人財物。

**4. 口頭型成年霸凌者：**言詞能傷人。有些成年霸凌者採此策

略，針對受害者散播謠言，或以嘲諷或輕蔑的話語，宰制或羞辱他人。

**5. 次級成年霸凌者：**這類霸凌者並非主謀，而是藉由跟風，以免淪為下一位受害者。對於自己的所作所為，次級霸凌者也許會感到慚愧，但始終是為了自保。

該網站主張，碰到成年霸凌者，我們幾乎無計可施：「成年霸凌者多半有固定行為模式。他們不願解決問題，也無意妥協。權力與宰制，才是成年霸凌者較在乎的事。他們渴望自己顯得高高在上，為人崇拜，而方法就是把別人踩在腳底下。」

我不想輕易屈服。我認為，天底下總有辦法，抵抗霸凌者，讓他們知道，自己的行為是不見容的。以其人之道，還治其人之身，比如威脅或喝斥，只會讓對方見識到，霸凌威力強大無比。藉由羞辱斥責，讓霸凌者難堪，可能助長其盛氣凌人的性格。就像多年前那位同事，這些霸凌者恐怕只會立刻切入「即時進攻」模式，看到容易下手的目標，便會隨時攻擊。

我不認為，對於該名同事的霸凌行為，能夠以善良來軟化。他很可能視善良為軟弱，炫耀肌肉的舉動有增無減。

由目擊者挺身而出，讓他知道自己的行為是不對的，這種方法或許有效。身為同事或同儕，與其悶不吭聲，更應該插手介入，冷靜說道：「這樣一點都不酷，老兄。」看到目擊者統一陣線、支持受害者，大多數霸凌者會打退堂鼓，或至少罷手。

成為霸凌目標時，脫離環境，也許是最聰明之舉。別置身其中，別有樣學樣。直接離開，避免未來有所交集。不過，這招並

非總是可行。有時，這些霸凌者出現在生活周遭，難以避之不見。無論是加害者的直接目標，或只是旁觀者，都不能任由霸凌者淪為施虐者。碰到霸凌者或施虐者時，尋求協助，絕非一件羞恥的事。

過得好，就是最棒的復仇。這句老格言，令我回味再三；熬過霸凌，事隔多年，回頭來看，這樣的心態或許沒錯。然而，遭受霸凌或騷擾當下，這麼想或許助益不多：「嘿，老兄，十年後，我一定會過得很好，到時你一定還是個大王八蛋。」

假設我們並非霸凌的目標，而是目擊或旁觀者，我們應當插手介入，以明確口吻讓加害者知道，這般行為是不見容的。若對方是精神病態者或狂人，當然要慎重避開，但一般常見的霸凌者，聽到幾句義正嚴詞的公道話，態度通常會有所軟化。插手時，不表現出憤怒或輕蔑，有助於緩和局勢。

善良少不了行動，通常得伴隨勇氣。目睹霸凌事件時，不能視若無睹或作壁上觀。沉默，會助長霸凌。我們必須插手、開口說話，為正義挺身而出。說比做簡單，但大多時候，善良本就不容易。*行善，永遠走在正義之路上。*我們應團結起來，共同譴責霸凌。霸凌並非尋常小事，毫無男子氣概可言，更是不被容許的行為。句點。

**化善良為行動：**成年之後，無論是職場、住家附近、甚至家裡，你是否碰過霸凌事件？霸凌者的目標，無論是不是你，你認為是否有任何辦法，能改善其行為？對於自己的善良勇氣，你是否大力肯定，即使別人可能嗤之以鼻？安全第一為前提下，想想看，

下次目睹或經歷霸凌事件時，有沒有可行的回應方式。霸凌者騷擾的對象，無論是不是你，都不妨規劃一套策略，挺身而出。與孩子、身邊任何可能碰到類似狀況的人，聊聊這個話題。

# 第三十六節——小小霸凌者：
## 一切由此而生

*「溫柔與善良，不代表軟弱絕望，反而象徵著勇氣與決心。」*
*——黎巴嫩詩人卡里・紀伯倫（Khalil Gibran）*

　　成年時期遭遇霸凌，畢竟選擇變多、更有歷練、視野更寬、較有力量，與孩童時期遇到霸凌，情況全然不同。兒童時期碰到霸凌，不僅當下受重創，也可能留下一輩子揮之不去的創傷。

　　探索善良的路上，看到霸凌事件層出不窮，令我十分震驚。不僅是成年霸凌，兒童或青少年霸凌也所在多有。霸凌行為破壞力無遠弗屆，讓人不寒而慄。大多數的成年霸凌者，孩提時也是霸凌者，或曾遭受霸凌或施虐。越早解決、抵制霸凌現象，越能有效避免霸凌、打破霸凌循環。

　　英國作家珍妮・休姆（Jenny Hulme）在《如何創造善良校園》（How to Create Kind Schools）一書[1]指出，霸凌並非、也不該被認為「只是成長的一部分。」她進一步解釋：「霸凌行為毫無益處，對霸凌者或受害者來說都一樣。其可能引發受害循環，終身難以抹滅。研究指出，即使是表現極佳的孩童，遭受霸凌後，不僅在校較難有優異表現，成年後罹患憂鬱症、焦慮症的機率較高，生理健康也較可能下滑。」[2]

　　記憶中，在我孩提時期，沒這麼多霸凌事件；當然，年紀增長的好處之一，就是選擇性記憶。記得從前讀國小的時候，有兩個男生老愛整人，專挑個頭小的男生欺負，走起路來大搖大擺，

活像舉重王子。印象中，沒人稱他們為霸凌者，但被欺負的男生或許認為是。這兩個男生都不算絕頂聰明，我在想，他們行為不端，或許是一種補償心態：我們國小重視智力表現，而他們顯然趕不上同齡的四年級生。

當今的霸凌行徑，令人恐懼至極。男女都可能為霸凌者，或為受害者。校園遊戲場上的嘲弄，或許已令你聞之喪膽，時下的霸凌不僅如此，甚至有組織型欺凌，或運用社群媒體，手段殘暴得難以想像。特別是網路霸凌，發生後，不會隨著時間而淡忘。在社群媒體上開枝散葉，不斷轉貼，生生不息。

霸凌形式五花八門。遊戲場上的嘲弄，有一天可能演變為性騷擾、流氓行徑、家暴、職場恐嚇、虐待老人。*任何形式的霸凌都是不可取的*。這點越早宣示，便能越早幫助霸凌者糾正行為，這類情事方能與日俱減。

霸凌具有無窮毀滅力，這類情事屢見不鮮。潔姬·詹姆絲（Jacki James）曾提到，兒子派頓（Peyton）長期遭到霸凌，最後自縊身亡。還有許許多多故事，被霸凌多年的孩子，一向默不吭聲，直到某天情緒爆發，拿起步槍，射殺加害者、旁觀者，最後自我了斷。

兒子自殺後，潔姬·詹姆絲變成一名積極分子，推廣善良、抵制霸凌。創立網站 www.kindness-matters.org，試圖改變人與人之間的互動方式，以全球為目標，推崇善良。詹姆絲女士主張：「兒童之間互相霸凌，以獲得權力感，填補生活中的缺憾。許多時候，在不同情境下，譬如在家中或團體中，霸凌者可能變成受害者。由於自我價值匱乏，作為彌補，他們選擇抨擊別人，來增強自己的權力感。藉由這種方式，逃避自我感受，把注意力轉移

到別人身上。」[3]

詹姆絲女士指出，必須讓霸凌者知道，自己的言詞多具殺傷力。「他們必須瞭解到，人人都有自己的煩惱，只是外人不得而知。曾被欺凌的人，就算如今仍會露出微笑、哈哈大笑，也不代表早已事過境遷；可能只是隱藏真實感受，蘊積在內心深處，也許某天就會突然爆發。」她提出警告：說了一句殘忍的話後，若得知對方自縊，而自己正是對方生前最後一個說話的人……這種罪惡感，沒人願背負一輩子。「這種罪惡感，日復一日，一點一滴累積，總有一天會令你四分五裂。」

根據研究指出，有百分之三十的國高中生曾受霸凌，七到十二年級的女學生，則有超過半數受過校園性騷擾。這些不僅是冷冰冰的統計數字，而是血淋淋的事實：數百萬計的孩童、青少年，每天都心懷恐懼絕望，缺乏安全感。有人說，霸凌只是孩子的「成年禮」。這種說法漏洞百出，大錯特錯，而身為成人的我們，更應不分你我，盡全力保護這些孩子。

善良得靠後天養成，有些人在孩提時學會，有些人沒學會；無論有沒有學會，都將伴隨我們長大成人，繼而決定成年後的我們，會成為善良的人、霸凌者，抑或作壁上觀的旁觀者。

*一切操之在己……準備好行動了嗎？*

**化善良為行動**：*孩提時，你曾否遭受霸凌，或霸凌過別人？你曾否目睹其他孩子受到霸凌？你自小獲得怎樣的訊息？這些訊息是否仍如影隨形？若身為家長，你是否與孩子聊過霸凌的議題？更重要的是，你當時是否豎耳傾聽？與孩子開啟話題，聊聊善良、*

校園遊戲場行為、網路行為，也討論看看，選擇善良，有哪些義不容辭的原因。他們在學校學到些什麼？你能如何幫助他們領悟到，無論任何人，都值得受人尊重？不少學校的課表上，都有善良、反霸凌課程。不妨確認一下，孩子的學校是否有這類課程；說不定，學校會需要成年志工呢。

# 第三十七節——袖手旁觀……
## 或為善良挺身而出？

*「世上破碎的東西，唯有真愛與同理心得以修補。這兩樣蒙福的東西，能讓所有破碎的心靈得以復原。」——美國勵志演說家及作家史蒂夫‧馬拉博利（Steve Maraboli）*

全球各地，偏執、恐嚇事件時有耳聞，發生地點遍及遊戲場、大學校園、大大小小的城鎮，令人著實憂心。無數人震怒不已。無數人擔心受怕。世界上，有些人自以為高人一等、擁有特權，或藉由貶低別人，自抬身價；受害者通常個子較嬌小、個性較溫和，或只是與眾不同。為解釋這類行為，專家提出各式各樣的理論：可能源於恐懼、無知、自卑情結，或盲目追隨充滿領袖魅力的獨裁者等，不一而足。其思考及行為背後的原因，雖要去認識、瞭解，但這裡提出來，目的是要促進思考：碰到這類行為時，該作何反應。

站在一旁、不發一語，對霸凌者或施暴者來說，可能是一種默許。看到有人遭受騷擾時，插手捍衛，也許會招致風險，肢體或口頭上遭人施暴。究竟怎麼做才對？怎麼做才有效？

仇恨犯罪也許不會在你眼前上演，仇恨言論、偏執行為卻可能在你我身邊發生。你的反應方式，能扭轉事態發展。按心理學的說法，人們會從周遭人身上得到暗示，從而決定當如何行為。與霸凌者直接對峙，不必帶有敵意，而要堅定而充滿自信，其他人也會起而效法。通常關鍵在於，需要有人願意率先挺身而出。

有備無患，乃明智之舉。想像自己開口說話的樣子。你會採取何種站姿？你打算說些什麼？為信念挺身而出，感覺如何？我從未碰過劍拔弩張的對峙狀況，但確實在與人交談時，聽過不容異己、充滿偏見的言論。有一次碰到這種狀況，我不發一語，收起下巴，面露否定，內心發誓，決不再跟此人有交集。我左右張望，發現別人臉上也盡寫著憎惡鄙視。換成現在的我，會選擇開口，盡量以不帶藐視的尊重態度，來回應這位出言不遜之人。我通常會發揮好奇心：「你為什麼會這麼想呢？」「這訊息你是從哪得來的呢？」我也會從理性角度來切入：「這件事，可以從另一個角度來看……」、「以偏概全，這樣公平嗎？」、「我跟你的經驗倒是不同，我的經驗是……」

有人遭到霸凌或施暴，現場有其他旁觀者時，介入其中，表達好奇，效果或許一樣好。訴諸理性，即使動搖不了霸凌者，卻可能引起旁觀者踏前一步。花些時間思考，碰到這類情況要如何回應。練習把話說出來。不妨與家人——尤其孩子——聊聊這類話題，鼓勵他們備妥策略，挺身對抗霸凌者。

心理學家菲利普・金巴多（Philip Zimbardo）於著作《路西法效應》（The Lucifer Effect）[1]指出：「無論任何人，只要天天對人伸出援手、發揮同理心，成為社會上積極付出的無名英雄，這樣的人生旅程與新身分，皆由心而生。」[2]

這是很好的開始。

大多數年輕人，既非霸凌者，亦非被霸凌者。我想，既然多半是旁觀者，若能朝這方面努力，應能讓霸凌成為歷史。

成人也是一樣。我們在職場、運動場、商場停車場，都可能親睹霸凌，令人十分不快，卻又不知該如何介入。

凡是霸凌，不論發生在孩童、青少年或成年人身上，相關探討皆指出，抵抗施虐的關鍵在於，鼓勵旁觀者插手，採取行動，聲援被霸凌者。

　　《親愛的霸凌者：七十名作家分享他們的故事》（Dear Bully: Seventy Authors Tell Their Stories）[3] 一書，由梅根・凱利・霍爾（Megan Kelley Hall）等人合編，她主張：「旁觀者絕對擁有權力，協助扭轉風氣，對方是成人或孩童都一樣。以兒童霸凌的案例來說，近半數霸凌行為會在旁觀者介入後停止。」[4] 也進一步解釋，介入「不代表要抵制或當面大罵霸凌者，有時，只要拒絕當個默許霸凌的旁觀者，或表態支持受害者，便足以將你的想法傳達出去。」

### 有益及有害旁觀者

　　根據網站 www.eyesonbullying.org[5] 指出，旁觀者分為有害、有益兩種。前者慫恿、煽動霸凌者，有時會加入霸凌行列。有時，也許不會主動支持霸凌行為，卻選擇消極接受，縱容施暴之舉，滿足霸凌者成為注目焦點的渴望。

　　有益的旁觀者，則在評估狀況後直接介入，捍衛受害者，扭轉情勢。或尋求在場人士協助，為受害者挺身而出，或阻止霸凌者，或向有關當局舉發、請求介入。

### 我們為何不踏前一步

　　至於旁觀者何以選擇不介入，該網站列出幾點原因。以下僅

舉幾例：

· 害怕被傷害、成為霸凌者下一個目標。
· 自認無能為力，無法阻攔霸凌者。
· 覺得事不關己。
· 不想引起矚目。
· 害怕被報復。
· 害怕告訴大人後，不僅無濟於事，還可能讓情況越演越烈。
· 不知怎麼做才好。

## 該怎麼做

旁觀者的反應，會為其他目擊者形成一股風氣，能在不引起尷尬或羞辱感為前提下，點醒霸凌者。讓霸凌者有臺階下。如此一來，或許——但只是或許——能讓霸凌者學到教訓，知道自身行為有進步空間，即使過去家庭教育沒教好，也要靠後天加強。沉默、無所作為，等於默許霸凌。操場、職場、社交或休閒場合、網路空間……無論情境為何，霸凌都不容存在。絕大多數人，未曾受到霸凌，也未曾是霸凌者，目睹霸凌或任何殘忍行徑時，我們有責插手介入。我們必須開口：「住手！」世界理想的樣子，由我們來打造。

別忘了，無論是霸凌者、受害者、旁觀者，都肩負著外人看不見的重擔。也許，身在地球上的我們，最重要的使命，就是替別人分擔一些，即使重擔是什麼，我們看不到、參不透。

www.bullying.org 網站[6] 提供若干實用建議，尤其兒童目擊霸

凌事件時，可採取哪些對策。大部分建議皆與善良息息相關。該網站建議，看到孩童遭受霸凌，要主動與他交友，聊天說話、一起走走、共進午餐。看到初來乍到的新生、經常形單影隻的同學，主動接納對方、表示友好。別試圖對霸凌者以牙還牙，別爭吵、別取笑、別用尖酸刻薄的話反擊，否則情況只會越來越糟。

家長、學校，甚至媒體，皆能付出一己之力。目擊霸凌該如何反應，唯有實際討論過，事發時才能準備萬全、採取行動，不因恐懼、困惑、不安而裹足不前。無論孩子或成人，一旦知道自己擁有影響力、能採取對策介入其中，要跨出第一步就不難了。

### 教育是關鍵

旁觀者行為研究指出，教育過程中，若學習到同理心、如何幫助他人，通常在看到霸凌行為時，更樂於插手介入、支持受害者。孩子必須學習到，霸凌並不酷，是不容許的行為。教育必須從各方著手，包括家庭、學校、媒體、同儕等。淪為霸凌目標的孩子，必須認知到，自己沒有錯，與眾不同也沒有錯；問題出在霸凌者身上，需要檢討改進的也是霸凌者。

學校與家長，必須嚴正扛起責任，告誡孩子別成為霸凌者，也要教導孩子，目睹霸凌行徑時，主動插手，讓加害者知道此舉毫不可取。與實踐善舉一樣，都需要鼓起勇氣，只要不斷練習，勇氣也會逐漸增強。

別再冷眼旁觀了，讓我們挺身而出，為正義而戰。

化善良為行動：*若身為父母，請與孩子聊聊霸凌，協助孩子擬定策略，目擊霸凌事件時，能採取什麼因應之道。自己也不妨思考看看，職場、公車或社區會議上，是否見過霸凌事件。想想看，當下應當說些什麼？站起身、開口說話時，應如何表露自信？預先規劃好對策，事情一旦發生，才能火速行動。*

# 第三十八節——慎選網路言論 及媒體夥伴

*「善良是人性精髓。教育或知識也許能培養我們其他特質，但若想成為一個真誠的人，創造豐足的存在意義，擁有一顆善良的心，才是最重要的。」——達賴喇嘛*

在我小時候，辱罵只會出現在學校的遊戲場，而且通常發生後，大家很快就會遺忘。暴怒當下說的氣話，等氣消也就事過境遷，本該如此。並不是說，我是在一個純樸敦厚的鄉下地方長大，沒有霸凌或殘忍行徑；只不過，比起當今毀滅力無窮的線上霸凌，那簡直不值一提。網路霸凌手段陰險至極，前所未聞，影響力無遠弗屆，導致自殺率、自殺未遂率居高不下，尤易好發於孩童及青少年身上，令人震驚莫名、痛心疾首。這種窮凶極惡的不善良行為，必須徹底終結。

《科學美國人：大腦》（Scientific American Mind）二〇一四年十一月及十二月號，有一篇發人省思的文章，標題為〈虛擬攻擊〉[1]，作者伊莉莎白·思沃波姐（Elizabeth Svoboda）提到，線上及社群媒體的霸凌方式五花八門，也從心理學層面分析，人們為何參與這類不當行為。耐人尋味的是，她指出：「與一般認知相反，霸凌者不僅想補償自尊心低落感，」且大多數「處於社會階層的*頂層*，藉由貶低他人來鞏固自身地位。」

參與網路霸凌，在線上或社群媒體攻擊他人，這種人通常有個封號，即「酸民」。思沃波姐說，線上社群有權制定規範，清

楚告知酸民，無論任何情況下，都不容許有霸凌行為。也指出，面對霸凌的傷害行為，有一種反擊方式，那就是介入插手、對受害者表示支持。沉默非金。

不光是發言或介入。在網路世界，還有另一種表達善意的方法，那就是留意點擊的內容。

不善良之舉在網路及社群媒體蔓延，不去點擊這類內容，才能改變這種風氣。看到惡毒殘酷、危言聳聽的標題，不要點進去；看到八卦、充滿負面言論的文章及留言板，也不要點。道理很簡單：我們要表態自己關注什麼，若專注在殘忍不仁、粗俗無禮的內容，只會增強負能量。險惡至極的網友、網站多不勝數，舉凡散播謊言、惡言相向、身體羞辱、恐嚇、種族歧視、性別歧視，各種心胸狹隘的偏執言行令人髮指。這些人能逐漸壯大，是因為有人關注。點擊之後，從超連結連到網頁，評語留言。即使是留言反擊酸民，也只會助長酸民的力量：憎恨情緒不減反增，回應更是充滿言詞挑釁。這種乖僻的惡行惡舉，我深感困惑，或許一輩子都無法理解。我漸漸意識到，點擊網頁，像添加燃料：點擊強化憎恨、散播有害或愚蠢八卦的網頁，這些內容會不脛而走，為世界帶來更多負能量，而我們的世界早已被負能量淹沒。若你我都不點擊，且數千或數百萬人都大喊：「夠了！」並拒絕點擊，酸民文化終究有消失無蹤、自取滅亡的一日。我堅信有那麼一天。

選擇善良，留言要善良；與其花時間斥責別人，不如多多鼓勵人。這樣，才能建構一個正面、健康的網路空間。每次點擊網頁，都是一種抉擇。選擇多麼重要！

身為完全新手，規劃、架設部落格之初，我看了好幾本書、數篇文章，全是關於怎麼建立部落格。還與好幾位資深部落客請

益。他們給我許多建言，令我獲益良多，唯有一點我選擇忽略。

　　人人都建議我，部落格要先設定好，網友留言後，由我控管是否發布。或者，至少在網友初次留言時，要先經過我審核，若同意發布，該名網友即取得「預先核准」，未來可暢所欲言。另一種選擇，則普遍認為風險極大：任何留言皆可發布，萬一碰到找碴的怪人或酸民，皆無法過濾。

　　WordPress 是非常實用的網頁製作平臺，對新手部落客來說，提供十分完善的指引，選擇多元。設定時，我點選的按鈕，允許留言自動發布，不需經我審核。對我來說，既然立定志向實踐善良，就要相信，會拜訪我的部落格，甚至騰出時間留言，想必是出於好意。對此，我不曾後悔。順便坦白一件事：若真有人留下無禮或惡意評論，我反而要藉此機會，測試自己的善良決心。假設自己真被網路攻擊，我能否依舊保有風度與同理心？

　　在我部落格留言的讀者，都體貼入微、充滿智慧，更十分善良，無一例外。有些留言啟迪人心、令人會心一笑；願意抽空留言、分享想法，我總是心懷感激。網路世界上縱使迭有怪人，慶幸的是，我不曾與之交手。

　　網路上正面資訊琳瑯滿目，充實我們的人生，各方面都受益無窮。聽聞有人參與慘忍暴戾、惡意陰險之活動，多半是匿名人士所為，我會大吃一驚。我不懂，也許一輩子都難以理解。點擊網頁時，若有越來越多人開始提高警覺，選擇善良，不善良之聲或有緘默之日。

　　此外，也不妨想想看，平常你看的電影、電視節目，是否有助於建構一個善良的世界。幾年前，我與丈夫會看一些節目，不但心情沒變好，反而有不悅的感受。這些節目通常評價很高，卡

司不在話下，劇情扣人心弦，卻沒有一個角色能讓人打從心底喜愛。不是窮凶極惡的壞蛋，就是毫不客氣、詭計多端的人物。我們不會想和這些人交友，或應該說，我們避之唯恐不及。所以說，我們為何每週守著電視，邀請他們上門？後來我們決定，不再讓這些負能量注入家裡。這又回到一個問題：觀看他人的惡行惡狀，會不會讓我們染上惡習，不知不覺接受不善良行為？

不容否認的是，有許多節目本身很棒，但由於角色充滿暴力、負能量或本性可憎，我們選擇不看。也許因此錯過不少品質精良的節目。這畢竟是個人選擇，我們不會央求別人也跟著照做，但我仍建議，無論決定看什麼節目，都要提高警覺，留意自己為何收看、節目傳達哪些訊息、我們能有何收穫。

**化善良為行動：**下次看到名人腥羶色八卦、公眾人物驚爆內幕這類網頁時，若你蠢蠢欲動，準備點擊下去，請暫停一下，思索看看，你是否真希望助長這類資訊（多半是錯誤資訊）散播。只要人們不再點擊，負面網站或許有銷聲匿跡的一天。網路上，若看到有人遭酸民攻擊，不妨開口發言：「這是不對的行為。」如果擔心風險太大，也可私訊受害者，表達支持鼓勵。網路上看到正面內容時，花點時間傳訊息給作者，或留下善良的評論。看到令你忿忿不平的內容時，想想看，要怎麼回應，才能為你和世界帶來最大助益。請捫心自問：你的網路聲音是什麼？你希望自己擁有何種網路聲音？

家裡若有小孩，與他們聊聊網路行為吧。務必讓他們瞭解到，比起面對面的霸凌，線上評論的攻擊力一樣殘酷傷人，甚至有過之

而無不及。看似無傷大雅的玩笑話，可能導致無可挽回的大災難。最後，也與家人聊聊，目前收看哪些節目，這些節目傳達何種能量與訊息。除非出於自願，否則你不必限制收看的種類，但請提高警覺：你希望邀請怎樣的內容、角色來到家中？

# 第三十九節——與善良共舞：
## 跳到渾然忘我

「*若必須在善良與正義之間取捨，選擇善良，永為正義之選。*」——無名氏

　　讓我們再次檢視，生活中有多少善良。善良可大可小、可激動人心、可隱約細微；是否以林林總總的形式，出現在生活周遭？不善良之舉出現時，你是否更容易辨識，並以正面方式來回應？學習付出與接受善意，雖無法讓我們成為無可挑剔的完人——畢竟聖人是極其少數——但只要努力不懈、持續朝善良邁進，拒絕漠不關心、擺脫不善良，善良社群便能因你而茁壯。你的生活、所思所想或一舉一動，也許有大大小小的改變，只是你尚未察覺，但請務必相信，這些改變將逐漸成真。

　　世上或許仍有些人事物，特別容易挑戰、踩到你的底線。光是看到某人，就令你咬牙切齒；似乎只要碰到某種狀況，就令你有一肚子無名火。坦然面對這些引爆點，方能有效加以化解。若你發現，善良在內心逐漸茁壯，是否格外開心舒坦？他人是否讚許你的一言一行，肯定你發揮了正面力量？即使還沒有人發現，不妨騰出片刻稱讚自己，貢獻了一己之力，讓世界變得更為善良，想像這股善良力量猶如漣漪，向四方擴散出去，能傳遞到素未謀面的人身上、從未到過的地方。就算有人告訴你，善良極為脆弱、毫無改變力量，你千萬別理會。你比他懂。你見識過善良的力量。

　　回顧一下前面幾節內容，思考以下問題及關鍵重點：

‧ 發揮善良，是否需要鼓起勇氣？當下，也許覺得彆扭不自在、不確定對方會有何回應，或感到尷尬不已、脆弱無助？一旦放下疑慮、停止猶豫，進而發揮善心，便代表了，你展現內在與生俱來的勇氣，任何人都剝奪不了！

‧ 比起找碴挑錯，你是否更樂意花時間看事情好的一面？哪些事物最引你關注？

‧ 踏出安全區域、發揮善心，會不會令你脆弱無助？也許讓人膽戰心驚，但願不願試著克服恐懼、放下完美主義，由衷表現善良，充分展現最真實的自己？

‧ 對你來說，堅持對錯、選擇快樂，何者較為重要？有些時候，碰到意見分歧、爭執越演越烈，僵持不下，願不願挑戰這項艱鉅任務：發揮風度，保持靜默？若曾經如此，你是否願肯定自己的善良與勇氣？你很棒！

‧ 缺乏資訊時，你傾向往好的一面想，還是往壞的方面想？何者較能讓你心平氣和？碰到不善良之舉、未知數時，你是否願意付出努力，主動表達好奇？

‧ 你的「悼詞美德」是什麼？你希望自己在他人或後人心目中，具有哪些特質？

‧ 你曾否想過，萬一哪天目擊霸凌事件，或成為霸凌目標時，你要如何採取反應？若身為家長，你是否有找機會與孩子聊聊此話題？

‧ 你通常點擊哪些內容？瀏覽網頁、使用社群媒體時，你是否更加提高警覺，知道自己的一舉一動將發揮力量，世界將因你變得更善良，或更加不善良？

‧ 請務必記住，我們永遠有選擇善良的權利；選擇善良時，

不僅發揮了勇氣，也讓世界更趨近於理想。

　　生活中融入善良，你還有哪些其他法子？無論當今世界發生
何事，不妨抽空欣賞生活周遭的善良，尤其要懂得肯定自己，讓
世界變得更為善良。今天的你，打算如何表示或展現善良？

第 四 部 分 ｜ 蛻 變 的 季 節

第一章

善良的挑戰

# 第四十節——當善意踩到他人地雷

*「對與錯的疆域之外，有一片田野。你我將於此相逢。」*
*——哲學家詩人魯米（Rumi）*

丈夫生病時，喜歡獨處。就像動物一樣，自己躲起來等待生命結束。我很想對他呵護備至，把枕頭拿來抖一抖、恢復膨鬆，幫他拭去臉上的汗水，耳邊低哼著：「可憐的寶貝。」但這不是他要的。

生病時，我喜歡被照顧的感覺，不必過分殷勤，只要偶而來看看我，確認我有呼吸，問我要不要來杯薑汁汽水、添張毛毯便足矣。這些年來，比爾漸漸懂得拿捏分寸，總是恰如其分照顧我，無微不至，又不至於讓人窒息。少一點或多一點，都可能令我感到被忽略或煩擾。

行善難免會碰到挑戰：要學習滿足對方需求，而非強加自己的想法於對方身上。

這也是為什麼，對於「推己及人」這個「黃金準則」，我一向無法全盤接受。幾乎各大宗教，都奉之為金科玉律。問題在於，某些狀況下，我想要的，不見得會是他人想要的。依循自己的喜好去做，到頭來，很可能無法切中對方需求。

舉例來說，我大抵是一個喜歡獨處、行事低調的人。原則上，我不喜歡成為萬眾矚目的對象（除非麥克風在我手裡）。被人再三道謝、大力讚揚，都會令我措手不及。但我知道，有些人與我

相反，不僅熱愛被關注，而且多多益善。如遵守上述黃金準則，與他們互動時，我便會依循個人偏好，收斂情緒。然而，我的個人偏好，不見得能迎合他人的偏好。倘若朋友渴望被毫無保留、盛情讚美，我會非常樂意如此照辦。

「白金定律」則勸人要「設身處地為他人著想」。這意味著，我們要多多留意，站在對方立場想。問題是，我們仍可能有猜錯的風險。「我本以為她生日那天，找來高中軍樂隊唱小夜曲，會讓她喜出望外，結果她要的只是兩人安安靜靜共進晚餐。」喔喔，這下糟了！

再舉一例：我不喜歡驚喜。我會舌頭打結，甚至會有「或戰或逃」的本能反應。若有美好的事物等待著我，我會希望事先知情，才能好好享受期盼、體驗的過程。如果有壞事上門，我也希望能先被告知，好做心理準備，能更從容思考問題該如何解決。*總之，我不喜歡驚喜。*

有朋友確實熱愛驚喜，我從不因無法理解或個人好惡，就去剝奪他們享受驚喜的樂趣。我按照白金定律，順從他們的渴望，幫忙規劃驚喜派對。即使難以認同，但我尊重其偏好、成就他們的心願，也期盼對方待我亦能如此。

熟識之人，或許較容易辦到。歷經數年（或甚至數十載）的反覆試驗，漸漸瞭解其需求與期盼，較知道要如何讓對方開心。

面對普通朋友、同事、泛泛之交，難度就高了。我們容易誤以為，對方的偏好與自己相同。

陌生人就難上加難了。他們喜歡什麼，我們怎麼可能猜中？最近看到一名男子留言，說他搭公車時，不再讓座給女性、老人、疑似身障者。他曾被拒絕八次，對方面露被冒犯之色，認為他是

在影射自己站不穩。之後，他決定埋頭看書，不再讓座。

　　試著發揮善良，卻遭對方拒絕，會感到尷尬、坐立不安，這是理所當然的反應。對方會拒絕他的好意，不難理解；接受讓座，彷彿代表自己脆弱無助，無法獨立自主。我試著想像，換成是我，也可能拒絕（但願自己不會有失客氣），既然站得穩，確實不需要特殊待遇。問題在於：接受讓座、婉拒對方，究竟何種反應較善良？這一切因人而異。也難怪，現在人寧願放棄文明、隱居山洞。比起在複雜社會裡，跌跌撞撞摸索人情世故，隱居似乎簡單多了。

　　我不禁思考，有沒有一種讓座方式，能讓雙方都不尷尬。或許他可以站起身，說道：「如果你願意，我很樂意讓座給你，」同時學英國演員卡萊‧葛倫（Cary Grant），露出迷死人不償命的笑容（誰拒絕得了？）。

　　就算對方可能不領情，也不該阻止我們行善；我們仍應盡所能發揮判斷力，實踐善良。永遠別自以為懂對方要什麼，開口問就對了。對方發揮善意時，就算搞錯對象、顯得笨拙、完全幫不上忙，身為接受的一方，我們仍要表達感激。


**化善良為行動**：*印象中，曾否有親戚朋友熱愛某樣東西，以為你英雄所見略同，但其實你絲毫開心不起來？為別人付出時，你曾否犯下同樣錯誤？下次，當你自認精挑細選、某人一定會喜歡，不妨停下來，思考一下，你是否把個人偏好強加在對方身上？如心生懷疑，開口問吧！*

# 第四十一節——沒心情行善時，該怎麼辦？

「你也許後悔當時開口，後悔當初選擇留下或離開，後悔或贏或輸，後悔自己付出太多。隨著人生歷練增長，你會發現，行善絕不會令你後悔。」——美國銀行家赫伯特‧普羅諾（Herbert Prochnow）

我發現，立志行善後，選擇善良越是輕而易舉，即使那天剛好沒心情、有多不便、擔心多此一舉、行程滿檔，我仍會選擇善良。經常有人打給我，詢問非營利組織方面的職涯規劃，對我多面向的工作性質感到好奇：籌辦會議、倡議、公共關係、溝通、與志工領袖合作等。接到這些電話時，通常都有工作要趕，或蠟燭兩頭燒，恨不得有三頭六臂。然而，想起一路上有多少人提攜指教，職場上才有今天的成績，我幾乎每次都會想辦法擠出時間，見個面、喝杯咖啡，或電話中有問必答。我會想方設法幫忙，比如某篇文章或某本書能帶來啟發、某個機構值得試試，或幫忙引薦一下，做個順水人情。這些年來，我開始嘗試主動協助，因為我意識到，有些人或許太害羞、沉默寡言，不敢開口。看到年輕人踏入這行，我都會試著讓他們知道，心裡有疑問或需要幫忙時，都歡迎與我聯繫。

善良不可能總是光鮮亮麗、直截了當。想當然，也不可能總是易如反掌。有時，可能造成不便。可能尷尬不已、笨手笨腳，或遭人誤解。有時，我們只能靠猜測，期盼這番善意能如願達成

效果。我們能做的，只有付出善意；對方接不接受，我們控制不了。

真正的善良，有時得靠偽裝。要成為真正善良的人，必須時時刻刻發揮善良，即使沒心情；即使當下有股衝動，酸言酸語差點脫口而出；即使內心希望時間快轉，佯裝沒看到行善機會。這些時候亦不例外。正因如此，善良才難能可貴。

陽光燦爛，凡事稱心如意，感到開心是理所當然。善良也是同樣的道理。若善良不費吹灰之力，或確知對方會深表感激，或對象是我們認識且喜愛之人，行善也就毫不費工夫。

真正的善良，關鍵在於，當你覺得世界正在崩毀，也要不忘初衷，堅持善良。貓咪把你心愛的毛衣吐得一塌糊塗；汽車發出怪聲，令人擔憂；客服專線陸陸續續打了一個多小時，還沒接通；院子裡的樹葉被颳到隔壁院子去，惹來鄰居一陣叨唸。

日子過得極度不順時，除了咬緊牙關挺過去之外，我們能否擺脫當下本能的情緒反應，有意識做出艱難取捨，堅持採取善良的回應？

美國勵志演說家麥可‧布魯姆（Michael Broome）說得好：「所謂堅強是，立志當下的澎湃情緒過了之後，還能維持紀律，追尋目標。」

練習善良的那年，大約過一半時，我領悟到自己最重要的天職，不是讓我得以三餐溫飽的工作，而是做一個善良的人。騰出時間，放慢腳步，思索自己的所作所為，體察人生有何改變……我發現心靈感到格外充實。實踐善良，是多麼踏實的一件事；體會到生活周遭充滿善良，令人開懷愉快。我感覺到，即使一己之力多麼微小，仍能讓世界變得不一樣。身為地球上的一分子，這

就是我的存在意義。

由於意識到這一點，我發現行善最大的挑戰是：即便沒心情，仍然要實踐善良。

### 學習停頓　是善良的關鍵

最近讀到一句話：「感到威脅或憤怒時，大腦會陷入爬蟲類狀態，」[1] 這又牽涉到我們的求生本能。這些本能包括攻擊、侵略、報復、恐懼、占地盤的行為等，不一而足。一旦切換到原始的爬蟲類狀態，約需再過二十分鐘，掌管思考及解決問題的額葉才能發揮功用。爬蟲類狀態下，要實踐善良，可說是奇難無比。朋友安・麥法蘭（Ann Macfarlane）形容此狀態為「杏仁核劫持」[2]：察覺到威脅時，大腦會產生憤怒反應。

高階大腦是否被爬蟲類本能挾持或宰制，決定權在我們手上。暴躁易怒的當下，我們能夠忍住衝動，不順從本能採取反應與行動。只要學會停頓，便能有餘裕去選擇下一刻要如何行動，下一步又當如何行動。善良，永遠是首選。對我來說，想像畫面很有幫助：想像一下，有隻爬蟲類動物，譬如鬣蜥或鱷魚，使勁爬上我大腦的駕駛座；我打開車門，推開這位不速之客，態度溫和卻堅決。我繼續開車，臉上帶著一抹滿足的微笑。目的地：善良。

### 隨時留心　同樣重要

若能處處留心留意，或有助於避免杏仁核劫持，進而選擇善

良。更美妙的是，發揮善良的過程中，怒火常能平息。

我們還要留意一個重點：我們為何發揮善良、如何回應不善良。此人對我粗俗無禮至極，我以善良待之，是想證明自己較優秀、進化較快？是想證明他們錯了？抑或想證明自己高人一等？還是說，我對他善良，純粹因為，無論如何我都想實踐善良，讓生命更為完整，至少瑕不掩瑜？時日一久，即使善良之路充滿荊棘，我仍選擇善良，不為別的，只為讓生命更為完整。驚奇的是，日積月累下來，選擇善良變得越來越輕而易舉。也意識到，行善不為他人；即使是為了他人，也是為了我自己。我想成為善良的人，也希望我的人生散發善良的光輝。人生值得好好珍惜，無論我站在何處、多麼微不足道，都要讓生命更為美好。

## 八卦有可能善良嗎？

此外，我們也要多多留意，避免這種不善良：以八卦他人為樂。聊八卦，有其樂趣，事後卻毫不令人愉快，甚至有不悅的感受。看到別人閒言閒語，善良的反應方式，是中斷其惡性循環，可以這麼說：「我們就別在吉娜維芙（Genevieve）背後說她壞話了」、「上禮拜有個奧客被她處理得服服貼貼，她的專業表現真令人刮目相看，你們不覺得嗎？」或至少可說：「我不是很想談這個話題，」然後離開現場。

有些時候，我們會不知不覺中，加入八卦討論會。這也是為何，時時留心留意，有多麼重要。一旦開始感到不安——某些人可能會感到胃腸翻攪，有些人則可能是肩頸或喉嚨緊繃——就必須思考一下，情況有何不對勁：這樣的談話，是否有害無益？我

是否對善良的機會視而不見？我是否隱藏真實感受，只為融入團體？

針對八卦一議題，佩姬‧德瑞絲勒（Peggy Drexler）博士在《今日心理學》（Psychology Today）期刊[3]表示：「人類學家相信，以整體人類史來說，八卦是人與人之間拉近距離的方法，有時甚至作為工具，用來排擠與團體意見不合者。」

她進一步指出，探聽他人生活隱私是人性使然，藉由與他人比較來獲得優越感：*她可能較富裕，但我的婚姻較美滿*。意識到這一點，能幫助我們提高警覺，留意自己是否目睹或參與八卦，進而改變氣氛，言談間少些惡毒，多些善良。我們追求的是進步，而非完美。

與喜歡的人互動，或精神飽滿、心情大好時，要行善不難。換作是不討喜的對象，或對方言行舉止粗俗無禮，或自己感到疲憊鬱悶時，行善就難以信手拈來了。這就像，水管不見得總能湧出水來。頂多只是涓涓細流。碰到這種情況，要發揮善良，就得花點時間，把打結的地方拉直，讓善良之泉得以川流不息。即使困難重重，也要學習發揮善良，是十分重要的人生課題。我們得一學再學，溫故知新，練習多了，會越來越上手。

這趟沒有終點的旅程，真正挑戰在於，即使善良顯得困難重重，即使對方觸碰了我們的底線，也要珍惜能行善的時機；這些時候，正是全力投入善良的大好機會，我們大可以說：「選擇善良不容易……但我還是選擇善良。」

**化善良為行動：**記憶中，你曾否感到一切都不順心，被憤怒或沮喪「綁架」？（這種經驗人人都有）當下，思緒是否亂成一團，等到作出反應、話說出口，才後悔不已？下次碰到類似狀況，你打算怎麼做？你曾否有過這種經驗：明明沒體力、沒心情行善，卻還是決定行善？當下有何感受？你會不會加入八卦行列，或背地裡說他人壞話，而這些話，在當事人面前絕對說不出口？下次，察覺身邊出現這類談話時，看看能否主動轉移話題，或有風度地結束話題。

# 第四十二節──對待不喜歡的人，
    也要善良

「我從喋喋不休的人身上學到沉默，從沒耐性的人身上學到忍耐，從不善良的人身上學到善良。」──黎巴嫩詩人卡里·紀伯倫

　　再怎麼努力，難免仍會有不中意、甚至一輩子都喜歡不了的人。我指的並非無賴、罪犯、精神病態者，畢竟大多人眼睛是雪亮的，自然會對這些人棄如敝屣、避之不及。我指的是，生活周遭難搞的人、麻煩精、脾氣暴躁的老人；這些人充斥在生活周遭，似乎總在挑戰我們的極限。

　　好爭執的鄰居、不知變通的董事會成員、假裝博學多聞的新朋友、任性暴躁的奧客……偶而就是會碰到這種人。說不定，對方還是你親戚。就算盡全力不去注意，光想到世上有其存在，就足以令你莫名煩躁，再晴朗的天空也變得烏雲密布。

## 激進的善良

　　發揮激進的善良，將會如何？與惱人對象相處時，不僅要耐得住性子，還要設法在對方身上看到可愛、值得欣賞的一面，又會如何？對於這些出現在生命當中的人，若能心懷感激，又將會如何？

　　日常生活中，與頭痛人物互動時，若能敞開心胸、抱著好奇

心，說不定會意外發現，其實這些麻煩鬼，也有討人喜歡的一面。說不定還會意識到，自己在別人眼裡，也是個揮之不去的麻煩人物。

通常你留意什麼，就會找到什麼，這點我堅信不疑，書中也反覆提到。整日雞蛋裡挑骨頭的人，會發現瑕疵缺點舉目皆是。凡事懂得欣賞、感激的人，日常生活中，會發現好事不勝枚舉。

對於那些難搞之人，也許我們一輩子無法打從心底喜歡，與其避而不見、勉強自己接納，若能刻意尋找他們善良的一面，又會發現什麼呢？成天滿口抱怨、罵小孩製造太多噪音的人，說不定愛護動物，還會照料受傷的鳥兒。也許害羞怕生、不善交際，善良的一面才不為人所知。表面上也許看不到，但仔細蒐找，便能發現。有些董事或委員充滿負面能量，總是大言不慚，吹噓自己為弱勢團體提供無償服務，這些人固然令人恨得牙癢癢的。其付出的方式，令人難以恭維，但其行為本身，也許或多或少仍有可取之處。即將面對不喜歡的人時，若能下定決心，留意其善良的一面，試圖找尋兩人良善的交會之處，又將會發現什麼呢？光是咬緊牙關、挑戰忍耐極限是不夠的，你得想方設法找到對方最好的一面，敞開心胸接納對方的優點。

慶幸的是，這一輩子，令我厭惡的人少之又少。這些年來，我漸漸察覺到，起初有些反感的人，進一步認識後，會發現對方仍有可愛之處。變的不是他們，而是我自己。不再批判他人，並試著設想，也許對方是出於恐懼不安、尷尬笨拙，所作所為才令人不悅；一旦如此，你眼前所見，將會截然不同。我們每一個人，都竭盡所能表現最好的一面，只不過，再怎麼努力，仍難以臻於完美。大限之日前，人人都是未竟之作。

亞伯拉罕・林肯（Abraham Lincoln）有句名言：「我不喜歡那個人。我必須更瞭解他一點。」箇中智慧與自我覺察，令人佩服！令我反感的人雖是少數，但一有厭煩的情緒出現，我便試著找尋其善良的一面。善良，幾乎人人皆有，且不費吹灰之力便能尋著。此外，慢慢發現，對於不喜歡的人，我漸漸能將其行為分開看待；現在的我會說：「我欣賞這個人，雖然他有些行為，難以苟同，也無法理解。」

凡是原則，皆有例外。世上總有些人，無論你再怎麼努力，都難以打從心底喜歡。我終於想通一件事：這些人會出現在我們生命中，都是有原因的，而且有重大原因。因為他們，我們學會忍耐、磨練耐性，或甚至意識到，自己身上也有對方的缺點，只是對方誇張至極、令人髮指。因為有他們，我們才會引以為戒；光是如此，其存在便有價值。既然世上少不了這些人，至少我們能夠選擇，自己的行為舉止與信念要受其負面影響，抑或仔細尋找其善良的一面，盡力發揮善心，感激對方給我們上了寶貴的一課。

尋找善良，永不出錯。


**化善良為行動：**_生命當中，有沒有一些人，在你眼中就是無可救藥、無法喜歡？也許對方的所作所為冒犯了你，或言詞上令人不悅。也許其信念與你背道而馳，才讓你看不到對方的好。請再努力一些，仔細找找看。對方身上是否有什麼特質，值得肯定或欣賞？換個角度想：對方的惡行惡狀，你是否也曾經有過，只是隱約不顯？能否當作借鏡，提醒自己千萬別重蹈覆轍？從對方_

身上，能學到什麼教訓？心生厭惡時，試著轉換心情，發揮好奇心，以同情或同理心待之。

# 第四十三節——我只是想說⋯⋯誠實不見得總是善良之舉

「今日，我放棄真理、選擇善良，我沒有遺憾；比起真理，我更確信什麼是善良。」——美國作家羅柏・布勞特（Robert Brault）

「我這麼說，是為了你好。」

「別這麼敏感嘛。我只是就事論事。」

「嘿，我只是在說真話。」

「天啊，你也太容易生氣了！」

說話傷了人，通常會藉此自圓其說。說重話的人，有時也許相信，這些可悲的傻瓜，無論外表、能力、想法或未來規劃等，都該聽聽自己不假修飾的意見。

讓我替全天下可悲的傻瓜說句公道話吧：我們心領了。有哪裡不夠十全十美、哪些事做得不夠好，不必他人來一五一十相告。自己有哪些缺點，人人心知肚明，實在不需假手他人。

有些話該說，有些話則不該說。開口前，只要停下來思考，通常不難判斷。

「只要再減個十磅，你就好看多了，」這種話不必說。永遠不用。

「上臺前，你可能會想把門牙上的菠菜剔掉，」這就該說了。感謝你！

「你們班上其他孩子，確實比你有藝術天分，」這也不必說；

你八歲的女兒，永遠成不了莫內接班人，即使舉世皆知、唯有你女兒不知，此話也不必說出口。

我不是要支持說謊。自小生長的家庭，非常重視誠實；我也認為，身為好人，誠實絕對是必要特質。即便如此，我依然相信，有些時候，說真話恐怕並非上策。懂得分辨何時該說真話，何時該沉默以對，何時該說善意謊言，也是身為好人不可或缺的條件，做一個善良的人，更是如此。

有些謊言太過明顯，有些則較有藝術。

被問到：「親愛的，這件洋裝穿起來會不會顯肥？」另一半若不懂得回答：「看起來美呆了！」或不以讚嘆口氣肯定對方，恐怕在夫妻相處之道還有待加強。

「好棒的禮物！謝謝你這麼貼心！」就算收到不美觀、不實用、荒謬至極的禮物，也寧可扯下天大謊言；如此回應，絕對是聰明之舉。你難道希望傷害送禮者的心靈，一輩子後悔莫及？即便禮物未能正中下懷，也要欣然接受；這種善良之舉，值得人人學習。

「我很好，謝謝你。」有些時候，對於點頭之交，實在沒必要一一交代這些瑣事：疹子太頑固了、準備要照大腸鏡、香港腳還沒好。至於如何拿捏，我們多半心裡有數。當某人純粹出於禮貌，問候：「最近好嗎？」根據兩人關係深淺，便能判斷該說多少細節。

確實有些時候，我們過得並不好，甚至充滿艱辛苦楚，亟需與至交好友一吐為快。作為朋友，本該如此。然而，一個人若總是過得不順遂、抱怨連連，一會兒遭遇不幸，一會兒又渾身病痛，且總是迫不及待與人分享，久而久之，恐怕人人會敬而遠之。諷

刺的是，這下，他們又有東西可抱怨了。

　　倘若你也愛抱怨，只要一招，就能幫你快速改掉壞習慣。那就是微笑。沒錯，就這麼簡單。許多研究指出，不開心的時候，露出微笑，會令你開心一些。微笑時，也許起初是自欺欺人，但隨著情緒調整，看到別人回以微笑，便能弄假成真了。

　　打算說謊時，思索一下背後動機：

　　**說謊，是為了打腫臉充胖子嗎？**譬如假裝聰明絕頂、身強力壯、功成名就、幽默風趣？不妨鼓起勇氣，再思考一下。你已經很棒了，又何必偽裝自己呢？你想做一個真誠的人，還是招搖撞騙之人？你希望以真面目示人，贏得別人喜愛與尊重，還是惺惺作態，博取他人崇拜？除此之外，別忘了，欺騙他人的同時，你可得牢牢記住自己編造的故事，否則，日後被逮到的機率可高呢。不想自投羅網，就得捏造更多謊言來圓謊。毫不值得。

　　**你是否藉由說謊，來推銷產品、推諉責任、獲得肯定、取得升遷機會？**記憶中，確實有過幾次，員工藉由說謊，掩蓋犯下的過錯，或不願承認錯誤，只盼不會有露出馬腳的一日。事實上，掩飾過錯，最終仍會東窗事發，大家只好手忙腳亂來解決問題。印象中，也有好幾次，員工一意識到出包狀況，立刻找我坦白一切。對於他們能坦承過錯，我總會說聲謝謝，打從心底表示感激。據我個人經驗，無論任何問題，只要能提早知道，幾乎都能迎刃而解，而且知道得越早越好。預先知悉問題所在，才能齊心協力找到解決方案，多半能趁問題擴大前化解危機。願坦誠疏失的員工，能夠贏得我的尊重與信任；說謊或掩飾錯誤的員工，則恰為

相反。謊言再看似無傷大雅，即使知情者只有你自己，都可能讓可信度與誠信打折。*有什麼*比可信度與誠信更重要呢？近日看到一句話，美國設計師福瑞・塔斯（Ryan Freitas）曾說：「名譽比薪水重要得多，誠信又比職涯更有價值。」一語中的。

**說謊是為了不傷人？**以此為前提的謊言，不僅合情合理，更是得體之舉。不妨再捫心自問：有沒有人因此受害？同事換了新髮型後，乍看之下活像插在竹籤上的蘿蔔，卻還選擇稱讚同事，會不會良心不安？只要駕輕就熟，你會樂此不疲。

還可思考以下問題：

- 換成是我，會希望聽到真話，還是善意謊言？
- 真話、善意謊言、沉默——究竟何種回應較善良？

母親「有話直說」的個性，至今仍令我和妹妹金姆十分惋惜。自小我們就聽慣了：金姆嘴巴太小，一笑起來，門牙跟牙齦都露出來了。結果，妹妹幾十年來，不論是微笑還是哈哈大笑，都會掩住嘴巴，開心之情不敢溢於言表。對於我，母親則說，要是我鼻子再長大，就要動整形手術了。不用說，我也知道自己鼻子很長，毫不完美。母親，您的好意我心領了！所幸，在丈夫眼裡，我直勾勾的羅馬鼻*確實*美呆了。

朋友南西（Nancy）曾與我分享，在她祖母彌留的最後幾週，來家裡幫忙的安寧照護者，提到「愛的謊言」有多麼重要。在某些時刻，說謊確實有其必要，目的是發揮同理心、減輕他人痛苦。

誠實雖是難能可貴、至關重要的特質，碰到這種情況，卻絕非上策。

考慮該不該說真話時，不妨也思考這個問題：話說出口，對於結果是否有助益？

同事已換了新髮型，另一半買了五顏六色的夏威夷花襯衫，也拿來穿了，這時再把真心話說出來，可說是毫無助益。對方若事先徵詢意見，比如想來個大改造、買件橘紫色鸚鵡相間的亮黃襯衫，那麼，說句委婉的真話，也許能幫助他們改變心意。

同樣道理，我們不必成為這種人：老是挑錯字、嫌湯裡孜然粉不夠、糾正陌生人的發音。若有人希望我發表意見，我當然樂意說真話；但如對方顯然渴望得到支持與讚美，我則會滿足其盼望。隨著年紀增長，我發現自己話變少了。既然自己也問題多多，就不必再挑人毛病。

話說回來，我很慶幸自己的鼻子完美得剛剛好。


**化善良為行動**：*印象中，曾不曾有人「為了你好」，說了傷人的話？那些批評的言語，是否像揮之不去的蚊子，總在耳邊嗡嗡作響？下次，這些不善良的聲音在耳畔響起時，堅決告訴它，你再也不需它來指教，請別再上門打擾。某人的「真心話」，若害你遲遲不敢行動、實踐夢想，現在就立下目標，勇敢嘗試。就算真的行不通，也沒有關係；重點是，你已擺脫劃地自限的心態，並樂在其中！*

*回想看看，自己說過的謊，是為了獲取利益，還是不願承認錯誤？重新想像當時場景，若說真話，情況會如何？你有何感*

受？下次碰到類似狀況時，你能否坦白以對？

# 第四十四節──有時，最善良的作法
## ……是什麼都不做

「可別低估無所事事的價值，就這樣到處走走、傾聽平時聽不見的聲音、無憂無慮，也十分寶貴。」──小熊維尼（*Winnie the Pooh*）

探索善良之路上，我訝然發現，許多時候，什麼都不做，反而是善良之選。也許你印象中，最善良的人，應該身穿緊身衣與斗篷，胸前印著醒目的「K」（譯註：英文的善良「Kind」首字母），凡走過必留下善行。現實中不見得如此。

我想，無論在我們身上或生活周遭，都發生過類似情況：收到出言不遜的電子郵件，既傷感情，還會脾氣火爆。這也是電子郵件的缺點。收到來信，來不及好好消化內容，情緒一上來，忍不住就立刻回復；來不及思索，對方會如何解讀我們回覆的內容？會不會產生誤解？我最終想達成什麼溝通目的？

對錯分明（追求正義）重要，還是和氣相處重要？有時，魚與熊掌難以兼得，兩者只能取其一。

回想過去，自己在某個人生階段，似乎也曾把是非對錯看得很重（好吧，我承認自己曾是正義魔人），甚至比和平、善良來得重要。現在的我，面對是非對錯，不再那麼鑽牛角尖了。在《迷離世界》這部經典電影中，美國演員吉米‧史都華（Jimmy Stewart）飾演艾爾伍得‧陶德（Elwood P. Dowd）一角，詮釋得唯妙唯肖，裡頭有句臺詞，令我印象深刻：「幾年前，母親告訴

「可別低估無所事事的價值，就這樣到處走走、傾聽平時聽不見的聲音、無憂無慮，也十分寶貴。」──小熊維尼（Winnie the Pooh）

　　探索善良之路上，我訝然發現，許多時候，什麼都不做，反而是善良之選。也許你印象中，最善良的人，應該身穿緊身衣與斗篷，胸前印著醒目的「K」（譯註：英文的善良「Kind」首字母），凡走過必留下善行。現實中不見得如此。

　　我想，無論在我們身上或生活周遭，都發生過類似情況：收到出言不遜的電子郵件，既傷感情，還會脾氣火爆。這也是電子郵件的缺點。收到來信，來不及好好消化內容，情緒一上來，忍不住就立刻回復；來不及思索，對方會如何解讀我們回覆的內容？會不會產生誤解？我最終想達成什麼溝通目的？

　　對錯分明（追求正義）重要，還是和氣相處重要？有時，魚與熊掌難以兼得，兩者只能取其一。

　　回想過去，自己在某個人生階段，似乎也曾把是非對錯看得很重（好吧，我承認自己曾是正義魔人），甚至比和平、善良來得重要。現在的我，面對是非對錯，不再那麼鑽牛角尖了。在《迷離世界》這部經典電影中，美國演員吉米‧史都華（Jimmy Stewart）飾演艾爾伍得‧陶德（Elwood P. Dowd）一角，詮釋得唯妙唯肖，裡頭有句臺詞，令我印象深刻：「幾年前，母親告訴我……『艾爾伍得，在這世上，你要嘛就成為聰明絕頂的人，要嘛就做個快樂的人。』嗯，有好幾年，我都試著做一個聰明絕頂的人。但我建議，快樂比較重要。」

　　這就是：「停頓的力量」。延遲一下，讓自己有充裕時間來

決定，你打算採取的行動，是否真能達到理想結果，而且是皆大歡喜、最理想的結果。這招很簡單，卻經常被忽略，才會順著本能反應，出口傷人。只要按下暫停鍵，或許就能意識到，保持停頓狀態，什麼都不做、什麼都不說，方為上上之策。

「有時候，沉默是最好的答案，」此話出自達賴喇嘛，充滿智慧。看似簡單，實則困難無比，口頭互動時，尤其不容易。嘲弄訕笑的評論、諷刺挖苦的回覆、難登大雅之堂的幽默，總在說出口後，才意識到聽來有多尖酸刻薄。沉默這門藝術，我仍在學習，有時的確困難重重。

即使沒話中帶刺，這番話能否帶來助益？辦公室裡，同事提出來的點子，也許大家興致勃勃，但若仔細考慮相關後果，會發現該提案行不通、不夠周全。我該如何有效溝通，才能鼓勵大家繼續發揮創意，不至於灰心喪志、士氣大挫？有時，毫無動作、保持沉默，讓他們自行發現問題癥結、突破盲點、找到解決方案，才是最佳辦法。把相關細節提出來討論，幫助大家找到問題所在，或委婉點出癥結點，也是不錯的辦法。無論如何，倉促下採取反應（「不行，這方法行不通！」），絕非上策。

這令我想起，扶輪社員在思考是否採取行動、開口說話前，要思考四個問題：

- 這是真的嗎？
- 對所有關係人來說，是否公平？
- 能否增進親善與友誼？
- 能否對所有關係人帶來助益？

只要有一個答案為否，就保持緘默、別有動作。這麼好的建

議，值得一再實踐！

## 聰明善良的教養之道

　　我不是家長，對教養孩子所知甚少（借一句我十分熱愛的臺詞：「我只是從沒覺得有必要。」¬ 出自美國劇作家大衛・馬密（David Mamet）的經典電影之作）。身邊有不少好友，在我眼中，的確是盡職盡責的好父母。從他們身上可以學到，以善良為前提、無所作為的智慧，才是為人父母應該做的。隨著孩子漸漸長大，有些時候，父母必須讓孩子自己學到教訓，即使可能會有苦痛。父母若總是介入、排除障礙，或代為解決問題，孩子永遠學不會獨立。我想，對父母來說，知道孩子必須從痛苦挫敗中汲取教訓，還要無所作為，是件奇難無比的事。更何況，從孩子的角度來看，尋求保護的當下，看到父母毫無作為，恐怕難以理解。然而，這些好父母深知，痛苦是暫時的，學到的教訓卻能受益一輩子。

　　驚奇的是，這些好父母能夠清楚分辨，有哪些例外狀況，需要父母採取行動、插手介入，幫忙化解問題、減輕孩子的苦痛。其中差異要如何拿捏？其判斷能力、箇中智慧，令我心生敬畏。

　　我想，身為父母，選擇介入與否的智慧，也適用於管理團隊：身為好領袖與管理者，面對團隊成員，也是同樣道理。

　　碰到亟需發揮善良的情況時，我們也許自欺欺人，心想，既然無所作為也是善良的一種，懶惰或冷眼旁觀也無妨。善良必須以正念與誠實為前提。只要多留心留意，即能區分何者為對、該如何回應⋯⋯或根本不需回應。不妨記住，善良若總是簡單可行，善舉便俯拾即是、無所不在。善用判斷力、隨心之所向，就對了。

探索善良時，我們往往會思考該如何行動：要怎麼做、說些什麼才恰如其分？如何選對時機伸出援手？現在不妨思考，遇到哪些例外狀況，忍住衝動、毫無所為，才是善良之舉。

**化善良為行動**：*記憶中，你曾否做過某件事、說了某句話，事後回想起來，會發現，當時若什麼都不做、什麼都沒說，也許是更好的選擇。關於停頓的力量，你是否有找到機會練習？若答案為否，不妨主動尋找，在開口說話、採取行動前，試著停頓一下。印象中，父母曾否選擇無所行動，而未「出手相救」、介入幫忙？這麼做，是否正確（當時你也許無法苟同）？你若有孩子，或計畫有孩子，從善良的角度思索看看，孩子碰到哪些情況，你應該無所作為，哪些情況又該插手、幫助孩子？*

第　　　　　　　　二　　　　　　　章
創　　造　　更　　善　　良　　的　　世　　界

# 第四十五節——轉變或進化？
## 百分之五法則

「即使留意了許多年，仍徒然無功，總有一天，角度恰到好處時，一束光會照亮靈魂。」——法國猶太裔哲學家西蒙・韋伊（Simone Weil）

你曾否被流浪貓收編？貓咪在門廊徘徊數週，起初你擺一碗水、一點金槍魚肉，接著不知不覺某天，餐桌上的義式白酒燉雞成了牠的食物，臥房最舒服的椅子則成牠的窩。

善良總與你不期而遇。原本微不足道的小事，不消多久，已然形成生活中習以為常、自然而然的習慣。

漸進式改變的力量，我深信不疑。這也許是因為，一次改頭換面、大刀闊斧之舉，在我身上從未行得通。無論是運動、寫作、維持辦公室整潔，或任何想一步登天的嘗試，皆以失敗收場。

曾經有許多年，光有善意，卻難以付諸實踐，後來我總算明瞭，只要先從小事著手，比如運動十五分鐘、寫作半小時、書架每次只整理一層，事後的成就感，會增強行動，令我樂此不疲。不用多久，新習慣便養成了。

善良也是同樣道理。一個自私自立、袖手旁觀的人，不可能說句口號：「從現在起，我要成為善良的人，」一夕之間就變成德蕾莎修女的傳人。首先，必須改掉經年累月的積習，如漫不經心、自我中心等；害怕善良遭拒、「做得不盡如意」的恐懼感，同樣得去克服。每天，都可以嘗試實踐一件善良小事，過幾個禮

拜後，試著從事更大的善舉。隨著成就感累積，我們會逐漸上癮，不用多久，待人處事時，都會盼望能有機會施展善良。

我不認為世上有所謂微不足道的善事。露出溫暖的微笑、說句善良的話、替人開門、為人分擔心事，會形成漣漪效應，受惠的一方會將善良傳遞下去、讓愛傳出去。一件善舉能締造多大影響，無人能知。

另一方面來看，要制止不善良無限擴散，遭人侮辱時，試著不予回嘴；聽到尖酸刻薄的話語，別急著反擊。這些微乎其微的善舉，能降低不善良的傳染力，卻窒礙難行。情急之下，恨不得立刻反唇相譏，挫挫對方的銳氣；這時要實踐善舉，尤其困難。碰到類似狀況時，多發揮一些好奇心，試著瞭解對方行為背後，可能有何動機，或許他背負重擔，才情緒失控、露出惡霸的一面。我們甚至不必理解其背後動機，只需意識到這一點：凡事別只看表象，試著多替別人著想。

多多練習，才能在鋼琴、高爾夫上駕輕就熟，善良也是同樣道理。要培養善良的習慣，不妨立定志向，要比現在更善良百分之五，對自己、他人都一樣。百分之五，或百分之二、百分之十即可。幅度不必太大，能看出改變便足矣。讓微小的漸進式改變紮根發芽。持之以恆，過些日子，你將發現其神奇之處：善良不僅是你的志向，更形成一種本能反應。

不妨思索一下。若能比現在更善良百分之五，你會選擇怎麼做？你會如何對待自己、他人，甚至整個地球？

法國哲學家西蒙・韋伊的這席話：「即使留意了許多年，仍徒然無功，總有一天，角度恰到好處時，一束光會照亮靈魂。」這番話提醒了我，只要你願花時間締造改變，對結果抱持自信，

有一天你將會如願以償。說不定，能帶來大大的驚喜。

　　就像打開大門歡迎流浪貓入住那樣，敞開心房迎接善良吧。好好餵養，為它鋪床。不知不覺中，將有一束光把你的靈魂照亮。

**化善良為行動**：*你曾否遇過如下狀況？日常生活中，某方面有了重大轉變或進步，但這些改變並非一夕之間，而是逐漸累積；只不過，某天你突然意識到，自己身上產生了巨大改變，而且這一切彷彿水到渠成。印象中，你曾否在遭侮辱、攻擊的當下，選擇不反擊或回嘴，衝突因而終結？若能比現在更善良百分之五，你會如何對待生命中遇到的人，比如家人、朋友、甚至陌生人？若要更善待自己百分之五，今天的你打算採取什麼行動？*

# 第四十六節──我們對孩子最大的期許

「鍛鍊孩子去面對殘酷無情的世界，不是我們的責任。但教養孩子，讓世界少些殘酷無情，我們責無旁貸。」──美國正面管教作家諾絲特（L. R. Knost）

母親常說，她對女兒最大的期許，就是成為快樂的人。我想，母親是希望，我們能自己摸索出一套快樂方程式；畢竟，對母親來說，快樂大抵是一種奢望，未能以身教示範。

母親時常說，我從小到大，滿腦子都是追求快樂。對我來說，一個人快樂與否，並非取決於財富、資產。也深信，快樂本身不是目的，而是與我尊敬、關心的人們為伍、從事所好，從而萌生的感受。大學與職場，教會我一件事：無論是探索新知、接受挑戰、解決問題、獲致理想結果，還是用微乎其微的一己之力、讓世界變得更為美好，都能帶來快樂；前提當然是，與心地善良的人為伍。

練習善良的那一年，我體會了無比快樂，令我更加確信，喜悅來自何處。對我來說，快樂最短的捷徑，就是善良，許多研究也證實了這一點。經歷善良，會令我快樂。就這麼簡單。發揮善良，令我快樂。接受他人的善意，令我快樂。目睹善舉，或間接從媒體看到，也會令我快樂無窮。

相關研究，不勝枚舉。近年來，為數不少的研究，都探討善良與快樂之間的關連。研究人員凱薩琳・布坎楠（Kathryn E.

Buchanan）、阿納特・巴迪（Anat Bardi）在《社會心理學期刊》（Journal of Social Psychology）發表一篇文章[1]，二人主張，發揮善舉，能提高生活滿意度。哈佛大學研究人員指導的〈社會資本的社區基準調查〉（Social Capital Community Benchmark Survey）[2]指出，相較於毫無奉獻者，願奉獻時間或金錢的人，快樂比例高出百分之四十二。

加州大學河濱分校（University of California, Riverside）心理學教授索妮亞・柳波莫斯基（Sonja Lyubomirsky）的研究[3]，也有異曲同工之妙；她主張，善良之舉，能為人帶來快樂。其引用的文獻指出：「九到十一歲的孩童，若被要求行善，並維持數週，他們不僅會漸漸變得快樂，在同儕之間也會更受到歡迎。」該教授另一研究案[4]則發現，隨機選出同事名單，讓員工之間發揮慷慨之舉，能增進快樂、強化連結，繼而創造最佳向心力；除此之外，無論是付出、接受的一方，甚或僅是目擊者，都有助於排解沮喪的情緒。由此可見，善良的力量，無遠弗屆！

善待自己，也是一樣的。撰有《你快樂，所以你成功》（The Happiness Track）一書的史丹佛心理學家艾瑪・賽佩拉博士指出：「研究發現，基本上，自我批評是一種自毀行為。自我同理心則恰為相反，指一個人要像對待朋友一樣，以體諒、正念、善良對待自己；不僅能強化韌性、生產力，還能提高幸福感。」[5] 因此，教導孩子善待他人的同時，別忘提醒孩子，也要以同理心對待自己。

我固然希望，母親能深曉這番道理，但我也漸漸明白，有些東西，得靠自己去挖掘。

前陣子看到一篇報導[6]，摘錄《多倫多星報》委託論壇研究

公司（Forum Research）進行的民調。受訪者皆為父母或祖父母，題目是：他們最希望灌輸給兒孫的首要觀念是什麼？令我喜出望外的是，受訪者當中，有百分之三十認為，善良是最想傳遞給孩子的首要觀念。其次，有百分之二十五的受訪者，認為良好工作倫理最為重要。接下來分別是：企圖心（百分之八）、領導力（百分之七）、好奇心（百分之五）、勇氣（百分之五）、團隊精神（百分之四）。

這類民調，本質上固然有盲點：這些觀念，皆不可能獨立存在。善良需要勇氣，也需要好奇心；良好的工作倫理，與領導力、團隊精神密不可分。這些觀念息息相關，受訪者卻必須從中取捨，難免有誤導之嫌。不過話說回來，看到大家肯定善良的重要性，我深感欣慰，也期盼各位父母、祖父母，對於孩子不僅能言教，亦能身教。

## 如何教養出善良的孩子

父母必須意識到，若想教養出善良的孩子，得從家庭教育開始；孩子會觀察父母、祖父母之間如何相處，如何對待朋友、小朋友、陌生人、動物、地球。誠如美國作家詹姆斯·鮑德溫（James Baldwin）所言：「孩子從不喜歡聽長輩唸，模仿大人卻是一流。」孩子的眼睛是雪亮的，大人沒以身作則的觀念，肯定毫不重要。

善良必須表現出來，並成為常態，即使困難重重，也要保持下去。開車時，要讓孩子看見，即使其他駕駛都失控發狂，自己仍能保持善良風範。碰到以下情況，父母仍必須展現善良風度：人滿為患的運動賽事上，即使支持的國家隊輸得慘慘；與人交談

時，儘管對方觀點與自己截然相反；即使家裡沒外人，談論難搞的鄰居、同事、親戚時。

心理學家理查德‧韋斯伯德（Richard Weissbourd）主持哈佛大學「讓關懷成為常態」（Making Caring Common）一計畫，針對如何讓孩子由衷重視善良，提出五種教養方式[7]：

1. **以身教示範，關懷他人是優先事項。**教導孩子時，家長要以身作則、言行一致。

2. **讓孩子有機會關懷他人、熱心助人、表達感激。**善良是一種習得的行為，若不斷有機會付出自我、從幫助他人獲得滿足感，將有助於增強善良行為。習慣表達感激的孩子，較可能對他人伸出援手、發揮慷慨、展現同理心、選擇原諒，也會更加健康快樂。

3. **幫助孩子拓寬眼界及關懷圈。**該研究以「鏡頭拉近」、「鏡頭拉遠」來形容此方法。除了要學習在親朋好友圈內發掘機會、展現善良，也要開闊心胸，以陌生人、社區、甚至全世界為範疇，尋找施展善良的機會。

4. **樹立不可動搖的道德榜樣。**研究者強調，父母必須坦承自己的過錯，傾聽孩子說話，幫助孩子認識這世界、培養同理心。

5. **協助孩子化解具破壞力的感受。**憤怒、羞愧、嫉妒等感受無可避免，表達方式可能有破壞力，也可能啟發人心、有建設性。身為家長，與孩子一起聊聊、閱讀、玩遊戲、看電影，能幫助童年及青少年時期的孩子，在情緒起伏如雲霄飛車的人生階段，找到屬於自己的出口。

協助孩子留意、體驗善良，與孩子聊聊善良的話題，也許是教養孩子最重要的能力。藉由這種方式，可教養出善良而快樂的

孩子；孩子長大後，也終將能成為善良而快樂的大人。現代世界需要更多這樣的人，未來世界想必也不例外。

**化善良為行動：** *自小，從父母、老師身上獲得什麼訊息？他們是否鼓勵你，務必凡事拿第一、要有團隊精神，要聰明伶俐、成就非凡，還是說，他們希望你成為快樂、堅強、善良的人？若有鼓勵你善良，他們是否有以身作則，成為一個好榜樣？若你有孩子，或計畫有孩子，或生活中會與孩子相處，你對孩子有何期許？你會如何循循善誘，鼓勵他們發揮善良？你是否有以身作則，一生實踐善良？不妨練習與孩子聊聊善良，也別忘了，說話之餘，也要多多傾聽！正所謂教學相長，多聽聽他們對善良的想法與經驗吧。*

# 第四十七節——善待地球萬物

「*生命之網，並非人類所編織而成。我們只是其中一條線罷了。無論我們對網子做了什麼，都將形成反撲的力量。萬事萬物都緊密相連。牽一髮而動全身。*」——*美國印第安人西雅圖酋長*（Chief Seattle）

本書所談的善良，主要著眼於人與人之間的互動，但若要實踐善良生活，對象當然不能侷限在人類。動物既然與我們共存於地球，我們也要對動物、地球發揮善良。

尊重、保護地球有多重要，永續發展對全人類、後代子孫（我相信有）有多麼迫切，相信這世上，比我有資格談的人多的是。不過我向來深信，隨著越來越多人投入善舉、以善良的人生為依歸，就必須思考：如何秉持善良，與人類以外的萬物互動。

世上有許多人，不乏政客、政策制定者，都否認鐵證如山的事實：地球危在旦夕。許多人依然相信，地球上的資源取之不盡，任意剝削也不會帶來傷害或慘痛後果。對某些人來說，即使體認到自身行為的惡果，仍選擇忽略，只追求眼前利益。

對於這種人，該如何回應？難道要稱他們為白癡，遇事只會像鴕鳥一樣，把頭埋進沙裡？針對環保、政治議題，若兩派人馬各執己見，攻擊異己，只會讓兩極分化更形嚴重；一旦固執己見，分化便難以消弭。對於不願選邊站的中立人士，見到這些狂熱分子，避之唯恐不及。

碰到這種情況，公民對話尤顯重要。藉由對話，探討議題、評估證據、檢視各種方案、分析可能結果，即使意見不一致，也要保持尊重的立場。進行對話時，要盡量往好處想。若有以下狀況，對談毫無效果：參與者惡言相向、誇大事實、態度傲慢狂妄，或討論活動遭有關當局禁止——有些地方確實有此情事。

初次意識到地球岌岌可危，是在小六的自然科學課上。討論了《寂靜的春天》（Silent Spring）這本書，作者是美國生態學家瑞秋·卡森（Rachel Carson）。該書出版當時舉世譁然，幾年後，世界地球日活動首度於一九七〇年登場，針對空氣汙染、農藥使用、水質、瀕危物種等議題，對世人發出警告。將近半世紀過後，這些問題多半依然存在。有些獲得了改善，但多數問題更形複雜難解、迫在眉睫。一九七〇年，全球有三十七億人口；如今，人口幾乎增加了一倍之多。地球已自身難保，身在地球上的我們，卻鮮少放輕腳步。

世界地球日首次舉辦後，美國國家環境保護局（United States Environmental Protection Agency）於焉設立，「清潔空氣、清潔水和瀕危物種法」（Clean Air, Clean Water, and Endangered Species Acts）也立法通過。該活動功不可沒，但還有一大段路要走。

以個人行動來說，從一九七〇年起，數百萬計的人已然改變習慣，開始回收、以堆肥取代農藥。世界確實產生了變化。眼看企業污染依然屢見不鮮，政策制定者仍舊睜一隻眼閉一隻眼，許多人仍然漠然以對，著實令人沮喪。不少科學家警告，環境惡化已來到臨界點，毫無退路可言，我們不能再繼續撇清關係，假裝人類行為對地球無害。

對環境問題視若無睹，短視近利，恣意破壞地球到無可挽救

的地步，讓人類與萬物處境危如累卵，可說是世上窮凶極惡的行徑。為了後代子孫，維護地球健康、永續發展，我們責無旁貸。

最起碼，我們所能做的，就是發揮善良：坦然面對歧異所在，共同尋求解決方案，不再中傷辱罵、裝腔作勢、政治作秀。大人若做不到，就讓孩子成為改革運動家吧。在環境議題上，孩子似乎比大人要理性、心胸開闊得多。既然我們現在所做的任何決定，都將造福或禍害下一代，還有誰比孩子更有資格來教育大人呢？

善待地球，不代表要有大刀闊斧的行動，或生活得有一百八十度的改變。大抵來說，重點在於多多留意（待人處事也一樣）。一直以來，地球保護孕育著我們，我們又能做些什麼，來愛護、澆灌我們的地球呢？以下是幾個我想到的點子，你有其他想法嗎？

· 報名志工活動：清潔河川、種植樹木、美化公園等。

· 與負責回收的廢棄物管理公司確認一下，有哪些東西可回收、如何有效回收：規則很可能不斷改變。

· 花些時間從事戶外活動：在海灘散步、爬山、到公園走走（順便撿垃圾）……在自家後院享受悠閒時光，也不錯。

· 利用 dmachoice.org 或 catalogchoice.org 等線上工具，減少訂閱不必要的紙本型錄，一來愛護樹木，二來可避免收到堆積如山的商品型錄，非必要消費也會自然減少。

· 工作時，列印電子郵件或非必要的報告前，請三思而後行。

· 購物時，別忘攜帶環保購物袋。

· 在庭院種種蔬菜或香草。

· 若沒試過堆肥，不妨試試。

- 在自家庭院，請減少或避免使用農藥。
- 種一、兩棵樹吧。
- 多多在小農市集消費。
- 對於特別有感的環保理念，以捐款支持。
- 縮短淋浴時間：找你的愛人一同沖澡、泡澡，兩全其美。
- 若情況允許，盡量減少開車，多多騎腳踏車、走路、利用大眾運輸工具。

我們不必面面俱到。先挑其中一兩項，養成習慣後，再挑其他兩三項來做。做與不做、規模或大或小，都能為世界帶來些許改變。

善待地球，就像善待朋友、家人、自己一樣。發揮善良，本該別無目的、不求回報；善待地球，地球卻會對我們十倍奉還：空氣清新健康、水質乾淨清冽、參天大樹供我們遮風避雨、糧食豐沛無缺。無論任何方面，多多留心留意，善良。

對待動物，也可反映出一個人善良與否。有些時候，善待動物，比善待自己的同類還要容易。我們家鄉的地方報，曾報導一篇新聞：車水馬龍的街道上，交通堵塞，來往車輛均進退不得，原來，一隻母鴨帶著一群小鴨，悠悠哉哉過四線道，安全堪憂。駕駛紛紛下車，指揮交通，保護這群過路的鴨子雄兵，連通勤族都耐心觀看，甚至一臉雀躍。沒人按鳴喇叭，沒人嘶吼叫罵。我想，所有目睹善舉的人離開現場後，都會面帶笑容，沉浸在喜悅當中。

換作塞車是人為造成，這些駕駛還會如此有耐性嗎？不太可能。八成大家會猛按喇叭、咆哮怒罵，即使車輛開始移動，仍會

咬牙切齒。

好吧，人類確實不是「傻呼呼」的動物，得為自己的行為負責。再怎麼說，鴨子……就是鴨子。而且可愛極了。人為導致的交通堵塞，不外乎是一時糊塗、粗心大意，或純粹是同一時間地點出現太多人類、車輛所致。就是自找麻煩。大家都失去耐心，苛刻批判他人，落入不善良的陷阱。

換作是鴨子，或小狗小貓、絕大多數動物，尤其是幼年時期的小動物，完全是另一回事。光憑可愛外表，就能戰勝煩躁易怒、胡亂批判的人性。

此外，對動物善良，較無威脅感。被動物拒絕善意，不會損及我們的自我價值。我們會逕自解讀為，牠們只是害怕，或受傷了。再者，陪伴我們的小動物，無條件付出牠們的愛，是人類同伴所難以企及的，也單純得多、沒有猜忌誤解。

不幸的是，仍有許多人對待動物十分慘忍，甚至以虐待動物為樂。聽聞有人對動物施以殘酷暴行、毫無慚愧，令人怒不可抑。近來有朋友告訴我，她看到一名汽車駕駛刻意急轉彎，去衝撞路肩的兔子。世上怎會有這種人？讓人不解。

對動物殘暴至極的人，有可能無差等善待人類嗎？就算有，我也從未聽聞過。德國哲學家伊曼努爾・康德（Immanuel Kant）也所見略同：「對動物殘酷之人，待人處事也是鐵石心腸。從一個人如何對待動物，足以判斷人心善惡。」

猶記得有朋友告訴我，她會根據一個男生如何對待自己的狗，來決定要不要跟這男人第二次約會。她說，這種判斷方式，從未失準。

對待動物的方式，即使沒到不善良的地步，我們還是可以試

著更善良一些。對某些人來說，善待動物意味成為蔬食或純素主義者，或拒絕穿戴皮草或動物皮製品。善待動物的意義為何，人人都必須做好決定。試著思考人類在生命之網的定位，深思熟慮後再做決定，也是一種善良之舉。人人都得為自己做出決定。

至於我，則試著在日常生活中實踐以下方法：

### 購買人道飼養產品

購買人道飼養的蛋肉奶製品，譬如美國人道協會認證（American Humane CertifiedTM）產品，以確保農場動物的福祉。以我個人來說，還沒準備好成一個蔬食主義者。丈夫的馬沙拉酒蘑菇燉雞義大利麵，實在太好吃了，有時也確實想來個味美多汁的漢堡。不過，一想到自己無肉不歡的飲食習慣，會對地球、動物產生影響，我的確想更多多留意。

### 保護野生及馴養家畜

帶孩子去公園、經認可的動物園、水族館，認識野生動物，培養保育概念，讓孩子瞭解保護動物多麼重要。這些議題並不簡單，涉及社會經濟文化等範疇，層面之廣，錯綜複雜。從教育開始下手，是極佳辦法。也要以身作則，讓孩子知道，對待寵物要秉持善良、尊重、保護的心態。

### 到收容所領養動物

若有養寵物的打算，不妨到動物收容所領養；每年有六至八百多萬隻動物遭棄養，領養一隻，就是挽救一條生命。小動物如此可愛，你說不定會想領養兩隻。

飼養寵物，能讓人與動物之間的關係密不可分，如果你有孩子，養寵物更是不二之選。照料動物，與動物培養感情；牠們要的並不多，卻能富足我們的人生，帶給我們無與倫比的喜悅。抽空擁抱你的狗狗貓貓，欣賞院子裡樹上的鳥兒、松鼠。沒有牠們，世界多麼空蕩！

**化善良為行動**：*到最愛的大自然景點走走吧，想想自己能如何為地球發揮善良。複習前面的建議，也試著發揮創意吧。從這週開始，你能做些什麼，為保護地球盡一分心力？一旦習慣成自然，不費吹灰之力，就再培養下一個習慣吧。無論寵物、野生動物、經濟動物，舉凡任何動物，都要特別留意自己如何與之互動。如果有吃海鮮或肉類的習慣，務必挑選人道飼養動物製品。此外，別忘美國原住民等文化給大家的教誨，對於那些我們賴以維生的萬物，表達感激之情吧。與孩子聊聊這些話題，是絕妙的方法；分享想法之餘，要多多傾聽孩子的想法，也許孩子會比你更有想法。孩子的智慧，說不定會令你驚奇感動。請記住，下一代將是地球的主人翁。*

# 第四十八節——日常生活的善良實戰策略

*「如果你覺得世界一片冰冷，點把火溫暖它吧。」*——美國作家露西·拉克姆（Lucy Larcom）

既然選擇行善良的人生，就必須在日常生活中各方面，積極實踐善良。即使是不如意的時候，也得主動發揮善心。見到不善良或不公不義的行徑，要開口說話。要刻意尋找行善的機會，也要留意生活周遭的善舉。有句老話說，只要願意等待，善良自然會登門拜訪；事實恰為相反。我們必須主動出擊，追尋善良。

生活中要多點善良，方法不計其數。茱莉安娜·布蘭尼絲（Juliana Breines）博士，在布蘭迪斯大學（Brandeis University）擔任博士後研究學者，曾為加州大學柏克萊分校（UC Berkeley）至善科學研究中心（Greater Good Science Center）撰寫一篇文章，題為〈讓生活多些善良的三大策略〉（Three Strategies for Bringing More Kindness into Your Life）[1]。

她指出，根據研究結果，有十種善良的核心練習，能讓人變得更為善良慷慨，有助於提高人生整體滿意度。這十種方法可分為三大類：

## 培養善良感

第一類的善良練習，能培養善良感。以下列舉的各種策略，

皆十分容易上手,根據研究結果顯示,能有效促使人們發揮善良、同理心。

**連結感練習**:需回想一下,曾與某人產生強烈連結的感受;當下也許是聊到共同經驗或深入的話題。研究指出,透過這項簡易練習,能增進對他人的關心,促使人發揮慷慨之舉。之所以會有此效果,布蘭尼絲解釋原因:「對他人產生連結感,能滿足對歸屬感的根本心理需求;這種需求若未獲滿足,人們會更可能聚焦在自身需求,缺乏餘裕去關懷他人。」

**支持感練習**:回想過去,得到他人安慰或支持的感受;他們在支持你時,表現出何種特質與行為?研究顯示,透過這項練習,能增強同理心,在他人受到挫折時,更樂於伸出援手。除能強化一個人的「依附安全感」外,此練習也能提醒我們,自己有哪些特質值得多多展現。

**敬畏大自然的小旅行**:到一個令人「心生敬畏、與大自然連結」的地方散散步。可以是海邊、森林,或任何遼闊無垠、能「改變視野」的地方。敬畏大自然的小旅行,地點因人而異;來場爬山遠行,或在自家後院走走,都是不錯選擇。

**同理心冥想練習**:又稱為慈心禪。進行這項練習時,在吸氣吐氣間,想像自己發揮善意,對方包括你自己、心愛的人、點頭之交、陌生人,甚至是不喜歡的人。布蘭尼絲引用的文獻指出,同理心冥想只要進行兩週,便能促使人發揮慷慨之舉,甚至能讓

部分大腦區塊產生變化；這些大腦區塊負責管理一個人的同理心、情緒反應。至於同理心冥想如何進行，網路上有許多資訊可參考。

## 藉由行善　讓自己更為快樂

這一套策略，幫助你立定志向，在日常生活中實踐善良，把善良變成習慣。如想讓自己更常發揮善良、慷慨之舉，以下方法經研究證實有效，不妨嘗試看看：

**即興發揮的善舉：**比如幫陌生人付咖啡錢；投幾枚硬幣到停車收費表，幫別人省去一張罰單；或是捐血。進行這項練習時，每天都要行善五次，並將經驗書寫下來。布蘭尼絲指出，即興發揮善良，不僅能提振心情，還能增進自我尊重。

讓付出變成一件美好的事：基於壓力或責任為他人付出，與發自內心想要付出，是截然不同的兩回事。前者可能不會令人開心，甚至可能心生怨念；後者則令人愉悅，有助於提升自我滿意度。因此，要避免負面感受，就不能把付出視為絕對。無論是他人期盼我們付出，還是我們期盼他人付出，被期待付出的一方，皆擁有拒絕的權利。要讓付出變成一件開心的事，還有其他方法：與接受善舉的人製造連結。看到街友，塞幾塊錢後，別急著趕路；你可以花點時間，與對方眼神接觸，交談幾句話。易如反掌，卻能為雙方帶來好心情。另一種方法，則是要去體會，你的慷慨之舉能帶來何種影響。舉例來說，如投入時間金錢，支持某項理念，不妨抽空瞭解一下，自己所付出的慷慨之舉，能為對方帶來何種

正面影響。

**激發他人善心**

此一階段的練習，則是要幫助他人看到善良的價值，進而發揮善舉。

**與人連結的溫馨提示：**方法很簡單，檢視四周，看看能創造哪些溫馨提示，宣揚善良、與人連結的重要性。教室牆壁上，貼上大家齊心協力、團結一致的照片；辦公室布告欄上，張貼先前幫助過的關係人稍來的感謝信；董事會議程的封面，附上一句鼓舞人心的名言佳句。環顧一下工作空間，看有沒有地方可擺上溫馨提示，展現團隊的向心力、共同目標。

**揭開受難真相：**有時，惰性是一種劣根性，會令人遲遲沒有行動；這時，若有人鞭策一下，能幫助我們克服惰性、發揮善舉。關於那些需要幫助的人，若能多多分享其照片或真實故事，往往能激起眾人熱烈行動、參與，能鼓勵大家伸出援手。一張照片或故事，鼓舞人心的效果，遠遠勝過冷冰冰的龐大數據。要有效提升流浪動物的領養率，比起引用統計數據、報導流浪動物數目有多少，張貼被棄養貓犬、關在人道組織收容所的照片，效果更能立竿見影。

**找到普世認同：**透過這項練習，能幫助我們跨越族群，找到普世皆有的人性價值。對孩子的關愛、對運動的熱情……這些普

世的人性價值，有助於建立共鳴，共同克服恐懼、不信任。面對看似大相逕庭的陌生人，只要花些時間思索，便會發現，其實你們擁有許多共通點。

**鼓勵孩子發揮善良：**及早為孩子灌輸善良的概念，也能夠改變世界。讓孩子自然而然、由衷發揮善舉、慷慨待人，就得在孩子行善後，避免給予額外獎賞，才能讓孩子知道，善良本身即收穫。對於孩子勇於付出，別吝於讚美，孩子會漸漸把善良視為一種本能。若孩子犯了錯，請責備孩子的行為本身，別批評孩子的人格。以身作則，發揮善舉，亦十分重要。

　　檢視這一套鼓勵善舉的策略與行為時，我訝然發現，每一項都不難，只是需要練習。舉凡公開演說、打乒乓球、彈鋼琴等，不論要擅長何種事物，練習都是不可或缺的過程。實在想不到，有什麼比善良更值得練習。你認為呢？

*化善良為行動：對你來說，敬畏大自然的小旅行是什麼？地點會在何處？不妨挑選幾項練習，付諸實踐，並融入在家庭與職場生活中。別累壞自己、急於一次全部到位；這禮拜只需挑一項來練習，下週再換另一項，以此類推。現在就來規劃一場敬畏大自然的小旅行吧，或回想一下，與人連結、得到支持的感受如何？也試著練習慈心禪吧。別忘了，要讓善良的種子萌芽，就得先善待自己——有時，善待自己反而最為困難！*

# 第 三 章
## 善 良 度 過 每 一 天：你 的 善 良 遺 產

# 第四十九節——零成本、不花時間的善良之舉

「明知對方不可能回報，仍為他人付出，才能度過完美的一天。」——美國籃球教練約翰·伍登（John Wooden）

付出，是善良不可或缺的要素，也許是金錢或時間。樂於付出、不求回報，是實踐善良生活的必要條件。不過，時間或金錢上，難免有不夠寬裕的時候。難道說，沒有餘裕慷慨待人時，也無法善待他人？

恰恰相反！我們隨時隨地都能發揮善良。不需投入時間金錢的行善方式，不勝枚舉。不過，還是得付出一些努力。我想到一些點子，其中幾樣不言自明：

· 與人眼神交會，露出微笑，說聲：「早安。」
· 說聲：「謝謝你」或「對不起。」
· 替別人開門，或看到他人扛著重物，主動幫忙。
· 允許別人超車。
· 聽到別人在背後議論朋友時，替朋友說些好話。
· 即使不是自己用過的盤子，也順手放進洗碗機（盤子洗好，也順手拿出來）。
· 坦承面對自己的不完美，忽略他人的小缺點。

以下幾種不耗時、零成本的行善方式，則需多體會一下箇中道理：

若沒有餘裕能付出，最起碼，隨時隨地多替別人著想。對於不清楚的人事物，與其往壞處想，不如多往好處想、給對方多點肯定。凡事多往好處想，生命會變得更妙不可言、富足豐饒。

　　**放下憤恨。選擇原諒。**對他人心懷憤怒憎恨，內心充滿懊悔自責，對誰都毫無益處。從犯錯、疏忽、傷害中學到教訓，便是一種善良之舉。選擇原諒，為生命開啟新的篇章。

　　**好好欣賞音樂，別專注在漏拍與否。**有些人總愛花時間挑錯字、雞蛋裡挑骨頭，儼然為日常生活中的「找碴專家」。工作上，若擔任編輯、診斷師、會計師、建築檢查員等，糾錯固然是職責所在，但把職責變成職業病，可就不好了。下班後的時光，不妨藉由練習，多多留意美好事物，別執著於糾錯。學習放手，是善良至關重要的一課，更是人生極為重要的課題。何時該開口，何時該保持沉默，是一門值得人人學習的藝術。

　　**善良的話語強而有力、永不嫌多。**對方服務體貼入微、見解透徹獨到、報告寫得無可挑剔，或笑容可掬令滿室生輝，都值得讚美一句。讚美他人的機會，俯拾即是。

　　**多多留意周遭，表達感激。**日常生活中，多多留心留意，是維持善良生活不可或缺的祕訣。對周遭事物渾然不覺，很容易與行善的機會擦身而過，或對他人的善意漠然視之。發揮善良的機會，就在你我身邊，若沒多多留意，很可能視而不見。

當然，若要行善，許多時候不僅要敞開心胸，還要打開錢包、騰出時間，咬牙堅持下去。多半時候，我們都得毫無保留、全心全意付出。打開心門，盡所能付出；要知道，既然選擇了善良，就要展現自己最好的一面。


**化善良為行動：**試著留意各種能發揮善心的機會，並盡可能付諸實踐。也試著留意，他人有何種反應，比如露出微笑、說句善良話語、表達感激肯定？察覺家人或同事有小缺失時，選擇睜一隻眼閉一隻眼、不苛責對方，你會有何感受？從小處著手，能締造大大不同。立志行善的你，打算從哪一件小事開始著手？

# 第五十節──選擇善良的十二種原因

*「善良比智慧更重要，能體認到這一點，即為智慧的源頭。」*
*──美國精神分析師西奧多‧艾薩克‧魯賓（Theodore Isaac Rubin）*

下定決心活出善良的一生，不代表善良就會從天而降。無論渴望得到什麼，都要先跨出第一步。想精通善良之道，練習必不可少。就像大家說的，彈琴要駕輕就熟，就得多多練習；想成為作家，就要保持寫作習慣；想推桿進洞，就得持續精進揮桿技巧；想強化善良的功力，當然也要持續練習。總有一天，善良會水到渠成，有時甚至不費吹灰之力；到此階段，行善就像呼吸一樣自然。

無論練習什麼，背後都有充分理由。練習寫作的人，目標是出書，或想透過故事表達自我，予人消遣或啟發。練習鋼琴的人，可能純粹出於熱愛音樂，或想加入爵士樂團、與友同樂。練習高爾夫的人，好吧，也許你有被虐傾向。

至於善良，本就是責無旁貸之事；不過，選擇善良、付諸實踐，讓善良成為不需思考的反射動作，仍有許多其他充分理由。前面章節談論過了，但既然本書即將收尾，在此不妨複習一下，善良能帶來哪些好處：

**1. 善良有益健康**。許多研究證實，善良對健康益處多多。研究顯示，經常行善的人，慢性疼痛、壓力、失眠等情況能有所舒

緩，人會變得更快樂、樂觀，活出自我價值。詳情如下：

**2. 善良對身體免疫系統有正面影響**，促進大腦分泌血清素。血清素是一種人體能自行產生的化學物質，具鎮靜、抗焦慮之效。

**3. 善良有益心臟。**發揮善行，能產生情感溫暖，促進大腦及身體分泌催產素荷爾蒙，進而釋放一氧化氮到血管，促使血管擴張、血壓降低，具有心臟保護作用。催產素有助於降低心血管系統的自由基數量，減少發炎反應，能降低心臟病罹患機率。

**4. 善良能減緩老化。**隨著自由基、發炎減少，人體老化速度也會減緩。同理心與迷走神經活動也息息相關。迷走神經能調節心率、控制體內發炎程度。

**5. 善良令人更為快樂。**善良能增加大腦多巴胺的含量，讓人「自然心情好」。根據研究證實，善良能讓人快樂、減少沮喪，效果卓著。

**6. 善良能增進人際關係。**人際交往與遺傳因子有關，藉由發揮善良，有助於建立嶄新人際關係，強化既有關係。若要增進與他人的關係、讓生活中的人際關係更為緊密，善良絕對是關鍵。

**7. 善良具有傳染力。**麻疹、流行性感冒具有負面傳染力，善良則有正面傳染力。善良生生不息。發揮善良的同時，也能激發他人行善，不知不覺間形成漣漪效應。不論是行善、接受善舉、目睹善事，結果皆同：善良如同催化劑，能激發更多善良。

**8. 善良能減輕社交焦慮症。**研究指出，參與善舉能減輕社交焦慮、社交迴避等症狀。研究證實，發揮善舉的人，對社交互動較少感到焦慮不安，也更善於參與團體活動。實踐善良，能幫助我們建立自信。

9. **休息睡飽，是為了發揮更多善舉**。研究發現，睡眠能讓人變得更善良[1]。好好睡上一覺，不僅善待自己，也是善待地球。從今以後，你大可堂而皇之午睡！疲累時，發揮善舉也有提神之效，效果不輸小睡片刻、來杯濃縮咖啡。

10. **善良與生活滿意度息息相關**。根據研究指出，時常慷慨付出、發揮善舉的人，對於生活有較高滿意度。

11. **善良的職場能提高生產力及獲利，氣氛更融洽**。善良的工作環境，能讓員工更為敬業，提升士氣、忠誠度、向心力，降低缺席率，進而增進獲利。那些鼓吹恐嚇威脅致勝的書早已過時，請忘個一乾二淨。善良才是更棒的商業模式。

12. **善良有益人生**。選擇善良，你將看到更多正面事物，而非負面訊息；在他人身上，會看到最好的一面。對生命更為知足：我們*擁有*的已足夠，我們*已經*很棒了。行善時，我們為人生獻上自己最好的一面，也彰顯世界最美好的樣子。

發揮善心，其實不需什麼理由。行善，只為了展現最好、最真誠的自我。然而，工作期程滿檔，生活中總有盡不完的責任，這時，我們很容易抄捷徑，與行善的大好機會擦身而過。時時提醒自己，善良好處多多。日行一善。

**化善良為行動**：*上述行善的理由，有沒有任何一點讓你有共鳴？也許是善良有益健康、能增進人際關係，或創造商業獲利？在你眼裡，選擇善良最棒的理由是什麼？想想有什麼法子，能常常提醒自己，不僅要發揮善良，也要多多留意：善良如何改變你的人生？（請記住，改變通常是漸進式的，甚至難以察覺，直到某天*

才突然意識到，自己身上起了重大改變）不妨與朋友、家人、商業夥伴聊聊你如何奉行善良，邀請他們與你同行？

# 第五十一節──善良的課題

「重點在於，要多多留意，在當下保持醒覺，別奢求重大回報。悄聲說話、從小小善事做起，將能啟動世界上的神奇力量。」
──荷裔加拿大作家查爾斯·德林（*Charles de Lint*）

練習善良的那一年，我碰到為數不少的課題，直到現在，這些課題也幾乎天天上演。有些如醍醐灌頂，有些隱晦不顯，彷彿悄悄降臨在肩頭或在耳畔絮語，一不留神就令人感嘆一聲*啊哈*。這些毫不顯眼的課題，仔細端詳後，我發現到，世上既沒有微不足道的善事，也沒有不足掛齒的善良課題。

發揮善良，影響能有多深遠，我們永遠無從得知。對公車司機微微一笑，司機也對乘客打聲招呼、說句善良的話，接下來，人們會不會接二連三受到感染，把善良傳遞出去？無論是小小善舉，或令人讚嘆的善行，會不會因此拯救了一顆受傷的心靈？使人從絕望中爬出來？甚至拯救一個生命？

沒錯，世上沒有微不足道的善事。令人頓悟的善良課題也一樣，看似不足掛齒，威力卻遠遠超乎我們想像。

無聲無息、卻令人茅塞頓開的課題，簡述如下：

· 行善、裝好人，完全是兩碼子事，截然不同。

· 發揮善良需要耐性，發揮耐性需要善良。

· 好奇心能激發善心。碰到不善良的行為，若多多思索背後的原因，我們通常能多點體諒。

．善良是一種演化，不會一夕之間就能改頭換面。人生中美妙至極的事物，是經年累月醞釀而來，擁有善良的人生也一樣。善良既是旅程，也是目的地。

．懂得接受善良，與發揮善心同樣重要。

．善待自己為優先。人生要奉行善良，得從善待自己開始。若不認為自己值得善良對待，又要如何持之以恆善待他人？

．有時，什麼都不做，才是善良之舉……有時，並不簡單。

．選擇性的善良，並非善良。對你善良，卻對服務生不善良，這種人並不善良。

．善良與感激是相輔相成的。

．認真看待善舉，但別流於自以為是。

．不論要擅長什麼才能，都要多多練習，善良也一樣。

．教導人要善良，要靠以身作則，而非耳提面命。

．發揮越多善良，也會體會到更多善良。

．善良之人偶而也會有卑鄙、妒忌、憤怒、厭煩的念頭，但他們願意放下衝動、表示善意。

．若找不到可發揮善舉之處，不妨更仔細觀察、放寬眼界。


這些令人頓悟的小小課題，是建立善良人生的不二法門。每一樣皆不困難，持續練習就對了。時時刻刻放在心上、保持覺察，能夠培養同理心、強化與人連結，進而改變世界。


### 啟發我最多的善良課題

善良課題帶給我的啟發，有些如絮語降臨耳畔，有些像一記

拳頭打在腦門上，更多時候像從樹梢向我低吼。這些靈光乍現的課題，天天提醒著我們：一生實踐善良有何意義、能為世界締造什麼不同。以下善良課題，給我最多啟發：

**多多留心留意**：發揮善舉的過程中，給我最大的啟發，莫過於正念了。只要多多留心，會發現行善機會俯拾即是，大大小小的善行亦舉目可見。多半時候，我們憑感覺行事，對周遭人事物視而不見，而忽略到，只要一句話、一抹微笑、一件善良之舉，也能創造不凡的影響力。我發現，只要簡單提醒自己「多多留心留意」，便能讓人生更為美好，且屢試不爽。不過，要練習善良，不論方法為何，說比做容易。要全心全意投入人生，就要保持覺察、讓自己「充滿善良」，時時留意機會，發揮善良本能：微微一笑、說句善良的話、伸出援手。

**停頓**：在我來看，停頓的力量就像美國第二大壩——胡佛水壩。浩瀚無窮。碰到問題時，與其當下立刻回嘴或反擊，不如花點時間停頓一下，思考看看，我期望自己的反應能形成何種影響、能否構成一股轉變力量？藉由短暫停頓，反應方式可能截然不同，甚或發現，根本不必採取任何反應。停頓一下，*總是*能幫我找到更佳決策。

**放下批判**：看到不夠體貼的行為，尤其碰到人擠人的狀況，寸步難行時，尤其容易妄自批判他人。在街道或高速公路碰到塞車，超市、機場人滿為患……這些情況下，我們經常認為陌生人是在刻意擋路、耽擱時間，而擅自批判他們是無良駕駛，擋住別

人還不以為意，活在地表真是多餘。對方很可能是陌生人，也可能是朋友、伴侶；疲憊不堪、精神耗損時，尤其容易如此（這些時候，我們容易「通融」自己有類似行為）。面對惡行惡狀、憤恨言行時，與其沉默不語、以不經大腦的字眼回應，不如多往好處想。我們可以簡單對自己說：「我相信，她不是那個意思。」與其凡事往壞處想，何不多往好處想？延遲批判不易，卻是發揮善舉不可或缺的第一步。

**善良沒有終點：** 善良會形成一股綿延不絕的連鎖效應，能豐富我們的人生，好處多不勝數。偶而，你會聽到這類似故事：某人身處絕望邊緣，快要承受不住、可能有自毀行為，就在這時，有人發揮意想不到的善舉，幫助對方化解痛苦、看到事情光明的一面。再微乎其微、不足掛齒的善良，都可能像漣漪一樣擴散下去，最終改變全世界。盡一己之力實踐善良，要相信，小小漣漪也能發揮無遠弗屆的影響力！

**發揮善良，比對錯分明重要：** 這一點，也讓人驚嘆一聲*啊哈*！許多人從小到大，被教育聰明有多重要，表現資優能獲得獎勵，也因此，我們經常把一個人聰明與否，看得比善不善良重要，是非對錯也看得比什麼都重要。我們當然可以*既*善良又聰明，或*既*善良又對錯分明，但若兩者之間必須有所取捨，選擇善良，便是選擇了和平。

**心裡想些什麼，就會成為怎樣的人：** 尋找什麼，通常就會看到什麼。整日抱怨諸事不順、挑別人毛病，久而久之，就會練就

一身從雞蛋裡挑骨頭的功夫。然而，總是扮演「找碴專家」的角色，真能讓你對人生更為滿足、與人為善？省下這分精力，去尋找事物正向美好的一面，多多看見別人的好，你的人生會一天比一天更為富足。只要你願意尋索，美好與善良無所不在。

**善良需要勇氣：**發揮善心的最大阻礙，也許就是恐懼。害怕被拒絕、遭人批判，怕自己看起來愚蠢無知，怕顯露出脆弱的一面。我們懼怕未知，懼怕自己顯得軟弱笨拙。有時，恐懼會令人麻木不仁。面對恐懼時，只要多多鼓起勇氣、發揮潛能，戰勝恐懼便非難事。越常發揮勇氣，我們也會變得更有勇氣。

選擇善良永不嫌遲：一個人的感知與反應，都操之在己。我們永遠可以選擇和平。需要練習，但絕對在我們能力範圍內。

善良並非目的地，而是一趟旅程：善良只練習一年，是不夠的。我得把善良視為優先職責，視為人生使命。練習善良的一年結束後，要再立志一輩子實踐善良。會有破例失常的時候，也會有舉步艱難之時，但即便如此，也不能半途而廢；得鍥而不捨，繼續前行，樂觀以對。你會發現，身邊有許多人與你同行。但願你也加入我們的行列。

善良的課題，多得難以盡列。實踐善良生活的那一年，這些課題不斷反覆浮現。在我來看，這些課題之所以至關重要，在於我們得一輩子持續學習、溫故知新。也期許自己能繼續學習，有所長進……畢竟，善良的課題，值得一輩子去探索。

**化善良為行動**：*這些課題，出現在生活中哪些層面？要如何持之以恆去學習？留心留意、鼓起勇氣、延遲批判、選擇善良，你是否準備好了呢？記得天天提醒自己，你擁有改變世界的力量，每每發揮這股內在力量，你都展現了自己最好的一面，也讓世界變得更加美好。花點時間，列出令你茅塞頓開的善良課題，連續幾週隨身攜帶，每天時不時複習一下。運用這些舉目可見的提醒機制，不僅能幫助你留意機會、選擇善良，也能幫助你留意發生在他人身上的善舉。只要持之以恆，練習善良會變成一種習慣，人生也會漸漸產生改變。*

# 第五十二節——永無止盡之舞：
## 善良宣言

「任何善行，不論多麼微小，都不會白費。」——希臘作家
*伊索（Aesop）*

　　如今，我想「善良」二字，已成為你的金字招牌了。也許還無法*任何*情況都一*概*發揮善良，也許仍有與善良機會擦肩而過之時。但我們並不追求完美。只要你秉持善良初衷、發揮善舉，即使被激怒，仍選擇避免有不善良之舉，那麼，世界也會因你而變得更美好。你已全心全意投入人生。這就是我們最責無旁貸的使命。

　　發揮善良時，你展現了一股力量，奇大無比，只不過有時仍隱約不顯。你不必身披斗篷，也不必穿上緊身衣；只要多多留心留意，便能展現這股超能力。

　　讀到這裡，想必你已累積一套獨門工具箱，有琳瑯滿目的工具，幫助你發揮善心、接受他人善意，甚至遏止不善良。適時運用不同工具，獲致最佳效果，讓你隨時隨地摩拳擦掌，準備就緒。投入善良之舉，就是為地球貢獻一己之力，不妨發揮耐心、好奇心、勇氣等特質，一同加入善良的行列吧。

　　上述工具箱的比喻，若引不起你的共鳴，想想有什麼其他更好的點子。善良技巧也像手機 APP 應用程式，下載後，隨時隨地都能派上用場。再把手機想像成大腦，你擁有感激、正念、停頓等應用程式，能依據情況所需，隨選隨用。

我發現，建立一份「善良宣言」，能時時引導、提醒自己，人生最重要的使命是什麼。以下內容歡迎直接套用，不過若能按個人所需，提出專屬於你的善良宣言，效果尤佳。

## 善良宣言

**多多留心留意**。心裡想些什麼，就會注意到什麼。多留意美好、善良的事物吧。

**延遲批判**。別人面臨什麼挑戰，我們永遠無從得知。多替別人想一想，就是最善解人意之舉。

**停頓一下**。不必立即採取回應。想一想，怎樣回應才是善良的表現。許多時候，沉默就是最好的辦法。

**欣然接受**。發揮善良，不僅要樂於付出，也要欣然接受。要知道，他人付出既是一種喜悅，就要遂其所願，接受其付出。

**善待自己**。實踐善良，要從善待自己開始。對自己不善良，便沒有餘裕善待他人。請接受自己的缺點，原諒自己的過錯，並且保有底線；也別忘了要享受小確幸。

**抱持感恩的心**。知足與感激之情，是善良的泉源。值得感激的事物，唾手可得。

A Year of Living Kindly

**任何善舉都舉足輕重，最微小的善行也不例外**。一抹微笑、一句善良話語，其漣漪效應有多無遠弗屆，無人知曉。所以，抓住任何機會，激起漣漪吧。

**選擇善良**。人生不可能總是一帆風順，總有不公平的時候。但無論如何，選擇和平就對了。

**善良若不顯見，請努力去尋找**。倘若依舊尋找不著，就自己創造吧。

**永遠選擇善良**。你永不會後悔。


*感謝你也加入善良的行列。*

*且讓我們一起改變世界。*

# 附註

**第一部份第二章第五節**
1——Danica Collins, "The Act of Kindness and Its Positive Health Benefits," Underground Health Reporter, http://under-groundhealthreporter.com/act-of-kindness/.
2——David R. Hamilton, "5 Beneficial Side Effects of Kindness," Huffington Post, updated August 2, 2011, http://www.huffingtonpost.com/david-r-hamilton-phd/kindness-benefits_b_869537.html%20.
3——"Empathy Heals," Scientific American Mind, November 1, 2009, https://www.scientificamerican.com/article/nice-doctors-heal-faster/.
4——David Haslam, "The Best Health Care Must Involve Kindness and Instil Trust," Huffington Post, updated May 2, 2017, http://www.huffingtonpost.co.uk/david-haslam/the-best-healthcare-must-_b_9210460.html.
5——James R. Doty, "Why Kindness Heals," Huffington Post, updated January 26, 2017, https://www.huffingtonpost.com/jamesr-doty-md/why-kindness-heals_b_9082134.html.
6——Jeffrey B. Young, "How the Power of Physician Empathy Helps Patients Heal Faster," Dignity Health, January 26, 2016, https://www.dignityhealth.org/articles/how-the-power-of-physician-empathy-helps-patients-heal-faster.
7——Conboy et al., "Which Patients Improve: Characteristics Increasing Sensitivity to a Supportive Patient-Practitioner Relationship," Social Science & Medicine 70, no. 3 (February 2010): 479–84, https://doi.org/10.1016/j.socscimed.2009.10.024.
8——Moira A. Stewart, "Effective Physician-Patient Communication and Health Outcomes: A Review," Canadian Medical Association Journal 152, no. 9 (May 1995): 1423–33.
9——Kevork Hopayian and Caitlin Notley, "A Systematic Review of Low Back Pain and Sciatica Patients' Expectations and Experiences of Health Care," Spine Journal 14, no. 8 (April 2014), http://dx.doi.org/10.1016/j.spinee.2014.02.029.

**第一部份第二章第六節**
1——"What Is Social Anxiety?" Social Anxiety Institute, https://socialanxietyinstitute.org/.
2——Jennifer L. Trew and Lynn E. Alden, "Kindness Reduces Avoidance Goals in Socially Anxious Individuals," Motivation and Emotion 39, no. 6 (December 2015): 892–907, https://doi.org/10.1007/s11031-015-9499-5.

**第一部份第二章第七節**
1——Trevor Foulk, Andrew Woolum, and Amir Erez, "Catching Rudeness Is Like Catching

a Cold: The Contagion Effects of Low- Intensity Negative Behaviors," Journal of Applied Psychology 101, no. 1 (January 2016): 50–67, https://doi.org/10.1037/apl0000037.

2——Trevor Foulk, quoted in "'Rudeness Is Contagious': How Your Attitude Could Hurt Your Co-workers," Lisa Flam, Today, https://www.today.com/health/rudeness-contagious-how-your-attitude-could-hurt-your-co-workers-t32731.

3——Barbara Mitchell, quoted in "Workplace Rudeness Is Highly Contagious, Study Says," Rob Stott, Associations Now, August 21, 2015, http://associationsnow.com/2015/08/study-finds-workplace-rudeness-highly-contagious/.

## 第一部份第二章第八節

1——David K. Williams, "Nice Companies Really Do Finish First," Forbes, May 31, 2016, http://www.forbes.com/sites/davidkwilliams/2016/05/31/nice-companies-really-do-finish-first/#5afc74df3741.

2——Emma M. Seppälä, "The Unexpected Benefits of Compassion for Business," Psychology Today, April 22, 2013, https://www.psychologytoday.com/blog/feeling-it/201304/the-unexpected-benefits-compassion-business.

3——Kim Cameron and Lynn Wooten, "Leading Positively— Strategies for Extraordinary Performance," University of Michigan Center for Positive Organizations, http://positiveorgs.bus.umich.edu/wp-content/uploads/Glance-Leading-Positively.pdf.

## 第一部份第三章第十節

1——Stephen R. Covey, The 7 Habits of Highly Effective People, anniversary ed. (New York: Simon & Schuster, 2013), 38.

## 第二部份第二章第十九節

1——Sarah L. Kaufman, The Art of Grace: On Moving Well Through Life (New York: W. W. Norton & Company, 2016), 278.

2——Dale Turner, Imperfect Alternatives: Spiritual Insights for Confronting the Controversial and the Personal (Homewood, IL: High Tide Press, 2005), 85.

## 第二部份第三章第二十節

1——Faith Popcorn, The Popcorn Report: Faith Popcorn on the Future of Your Company, Your World, Your Life (New York: Harper-Collins, 1991), 39.

## 第二部份第二章第二十一節

1——"TNTs—Adrian Webster for London Business Forum," YouTube video, 2:11, posted by Lawrence Hunt on December 19, 2013, https://www.youtube.com/watch?v=dSd31NwyS24.

2——Mary Rowe, "Micro-affirmations & Micro-inequities," Journal of the International Ombudsman Association 1, no. 1 (March 2008), https://ombud.mit.edu/sites/default/files/

documents/micro-affirm-ineq.pdf.

## 第二部份第三章第二十二節

1——Jennifer James, Success Is the Quality of Your Journey (New York: Newmarket Press, 1986).

## 第二部份第三章第二十三節

1——Rachel Naomi Remen, "Growing New Eyes: The 3 Question Journal," http://www.rachelremen.com/growing-new-eyes/.

## 第二部份第三章第二十四節

1——Sharon Salzberg, The Kindness Handbook: A Practical Companion (Boulder, CO: Sounds True, 2008), 21-22.

## 第二部份第三章第二十五節

1——"What Is Mindfulness?" Greater Good, http://greatergood.berkeley.edu/topic/mindfulness/definition.
2——Emiliana R. Simon-Thomas, "Meditation Makes Us Act with Compassion," Greater Good, April 11, 2013, http://greatergood.berkeley.edu/article/item/meditation_causes_compassionate_action

## 第三部份第一章第二十七節

1——Sandra Ford Walston, "Kindness Requires Courage," two-part interview by the author, September 1, 2015, https://ayearoflivingkindly.com/2015/09/09/kindness-requires-courage-an-interview-with-sandra-ford-walston/; https://ayearoflivingkindly.com/2015/09/16/kindness-requires-courage-part-2-of-an-interview-with-sandra-ford-walston/.

## 第三部份第一章第二十八節

1——Ruth Henderson, "Kindness and Curiosity in Coaching," Huffington Post, updated June 30, 2015, http://www.huffingtonpost.com/ellevate/kindness-and-curiosity-in-coaching_b_7181190.html.
2——Emma Seppälä, "Why Compassion Is a Better Managerial Tactic than Toughness," Harvard Business Review, May 7, 2015, https://hbr.org/2015/05/why-compassion-is-a-better-managerial-tactic-than-toughness.

## 第三部份第一章第二十九節

1——Brené Brown, "The Power of Vulnerability," TED Talk, recorded June 2010 at TEDxHouston, 20:13, https://www.ted.com/talks/brene_brown_on_vulnerability.
2——Brené Brown, The Power of Vulnerability: Teachings on Authenticity, Connection, and Courage (Boulder, CO: Sounds True, 2013), audiobook.

3 —— Brené Brown, "The Power of Vulnerability," TED Talk, recorded June 2010 at TEDxHouston, 20:13, https://www.ted.com/talks/brene_brown_on_vulnerability.

## 第三部份第二章第三十節
1 —— Jerry Large, "Snohomish Woman's Heartfelt Decision about Young Life," Seattle Times, June 4, 2015, http://www.seattletimes.com/seattle-news/tears-mix-with-snohomish-womans-heartfelt-decision/.

## 第三部份第二章第三十一節
1 —— David Brooks, The Road to Character (New York: Random House, 2015), xi.

## 第三部份第二章第三十二節
1 —— "Bank Loses \$1 Million Deposit in Parking Validation Dispute," Washington Post, February 21, 1989, https://www.washingtonpost.com/archive/business/1989/02/21/bank-loses-1-million-deposit-in-parking-validation-dispute/1f5a3a42- b5aa-4857-bcc3-89579b367c58/.

## 第三部份第二章第三十四節
1 —— Wayne Muller, How, Then, Shall We Live?: Four Simple Questions That Reveal the Beauty and Meaning of Our Lives (New York: Bantam Books, 1996), 104.
2 —— Anne Lamott, Grace (Eventually): Thoughts on Faith (New York: Riverhead Books, 2007), 117.

## 第三部份第三章第三十五節
1 —— "Bullying Statistics: Anti-bullying Help, Facts, and More," http://www.bullyingstatistics.org/.

## 第三部份第三章第三十六節
1 —— Jenny Hulme, How to Create Kind Schools: 12 Extraordinary Projects Making Schools Happier and Helping Every Child Fit In (London: UK, Jessica Kingsley Publishers, 2015).
2 —— Jenny Hulme, "Can You Teach Kindness?" Interview by Psychologies, November 13, 2015, https://www.psychologies.co.uk/can-you-teach-kindness.
3 —— "Kindness Matters: We Can Change the World!" http://kindness-matters.org/.

## 第三部份第三章第三十七節
1 —— Philip Zimbardo, The Lucifer Effect: Understanding How Good People Turn Evil (New York: Random House, 2008).
2 —— Philip Zimbardo, quoted in "Eight Ways to Stand Up to Hate," Elizabeth Svoboda, Greater Good, November 22, 2016, http://greatergood.berkeley.edu/article/item/eight_ways_

to_stand_up_to_hate.

3——Megan Kelley Hall & Carrie Jones, eds., Dear Bully: Seventy Authors Tell Their Stories (New York: HarperCollins, 2011).

4——Megan Kelley Hall, quoted in "How to Stand Up to Adult Bullies," Anna North, Jezebel, October 20, 2011, http://jezebel.com/5851820/how-to-stand-up-to-adult-bullies.

5——"Eyes on Bullying: What Can You Do?" www.eyesonbullying.org.

6——www.bullying.org

## 第三部份第三章第三十八節

1——Elizabeth Svoboda, "Virtual Assault," Scientific American Mind, November/December 2014, 46-53

## 第四部份第一章第四十一節

1——Shanna Peeples, "Warriors of Kindness," Huffington Post, updated December 6, 2017, http://www.huffingtonpost.com/shanna-peeples/warriors-of-kindness_b_8258882.html.

2——Ann Macfarlane, "Avoiding Amygdala Hijack," Jurassic Parliament, September 3, 2015, https://www.jurassicparliament.com/avoiding-amygdala-hijack/.

3. Peggy Drexler, "Why We Love to Gossip," Psychology Today, August 12, 2014, https://www.psychologytoday.com/blog/our-gender-ourselves/201408/why-we-love-gossip.

## 第四部份第二章第四十六節

1——Kathryn E. Buchanan and Anat Bardi, "Acts of Kindness and Acts of Novelty Affect Life Satisfaction," Journal of Social Psychology 150, no. 3 (August 2010): 235–37, https://doi.org/10.1080/00224540903365554.

2——"The Social Capital Community Benchmark Survey," John F. Kennedy School of Government, Harvard University, https://sites.hks.harvard.edu/saguaro/communitysurvey/results.html.

3——Sonja Lyubomirsky, "Almost Any Types of Acts of Kindness Boost Happiness," interview by Gretchen Rubin of The Happiness Project, Psychology Today, January 18, 2013, https://www.psychologytoday.com/blog/the-happiness-project/201301/almost-any-types-acts-kindness-boost-happiness.

4——Sonja Lyubomirsky, "The Myths of Happiness," interview by Woopaah, September 21, 2013, http://www.woopaah.com/blog/2013/9/21/the-myths-of-happiness-an-interview-with-sonja-lyubomirsky.html.

5——Emma Seppälä, "How to Apply the Science of Happiness to Accelerate Your Success," Stanford Medicine, The Center for Compassion and Altruism Research and Education, January 15, 2016, http://ccare.stanford.edu/?s=%22self- criticism+is+basically+self-sabotage%22.

6——Sarah-Joyce Battersby, "Kindness Tops List of What Parents Hope to Teach Kids, Forum Poll Finds," Toronto Star, January 1, 2016, https://www.thestar.com/news/

gta/2016/01/01/cool-to-be-kind-forum-poll.html.

7—— Amy Joyce, "Are You Raising Nice Kids? A Harvard Psychologist Gives 5 Ways to Raise Them to Be Kind," Washington Post, July 18, 2014, https://www.washingtonpost.com/news/parenting/wp/2014/07/18/are-you-raising-nice-kids-a-harvard-psychologist-gives-5-ways-to-raise-them-to-be-kind/.

## 第四部份第二章第四十八節

1—— Juliana Breines, "Three Strategies for Bringing More Kindness into Your Life," Greater Good, September 16, 2015, http://greatergood.berkeley.edu/article/item/three_strategies_for_bringing_more_kindness_into_your_life.

## 第四部份第三章第五十節

1—— Christopher M. Barnes, "Sleep-Deprived People Are More Likely to Cheat," Harvard Business Review, May 31, 2013, https://hbr.org/2013/05/sleep-deprived-people-are-more-likely-to-cheat.

# 謝辭

　　這輩子，能認識如此多善良的人，還能投入善良無所不在的職涯，是我莫大的榮幸。三十多年的好友兼事業夥伴——林恩‧莫比（Lynn Melby）和他夫人喬伊（Joye），是我心目中世上最善良的人。親切可掬的事業夥伴——帕提‧安德森（Patty Anderson）、黛娜‧莫菲勒芙（Dana Murphy-Love），還有多年來無法盡數的團隊成員，能認識他們，我同樣深感榮幸。

　　與我共事的同僚、非營利機構的志工領袖，總是在時間、天賦、財務等方面無私奉獻，持之以恆致力於改善世界。他們的善良，每天都令我獲益匪淺。

　　寫作是一門孤單的差事，所幸一路有貴人相伴、支持鼓勵。天賦異稟的克莉絲登‧瑞德絲（Kristen Leathers）既是摯友，也是我的寫作夥伴，總是不斷鼓舞我、為我指點迷津。南西‧菲比（Nancy Faerber）主動提議幫我試閱，充滿睿智、洞察透徹，總是不吝提供回饋，惠我良多，是不可多得的好朋友。嫻熟出版流程的老友傑瑞‧克羅夫特（Jerry Croft），你的存在有如及時雨（雖然我偶而有不聽勸的時候）。與我有「新兵訓練般革命情感」的寫作夥伴卡羅‧蜜朵登（Carol Middleton）、凱西‧貝索（Kathi Bethell）、麗莎‧紐康（Lisa Newcomb），你們持續不斷的支持鼓勵、寫作上鞭辟入裡的見解，是我重要支柱。神隊友們，總有一天，我們一定要碰面，這一攤我請！

　　經營部落格以來，認識了許多充滿智慧、非常棒的人。要謝

謝所有追蹤部落格的網友，特別是願意花時間留言、與我互動的人，有你們的鼓勵，才能激發思考，從更批判性的角度來思考問題。也感謝格友們，從善良及意想不到的角度，不斷給我啟發，讓我永不無聊。在當今世界，社群媒體充斥著各種不善良，部落格儼然為一股清流。我對網頁製作平臺 WordPress 所知甚少，起初還誤以為是某種燙衣服的新花招，幸虧有克莉絲汀‧奧培拉（Christine Opiela）幫忙，部落格才得以架設完成。在高科技方面，她絕對是我的最佳良師益友！

布魯克‧華納（Brooke Warner）率領的「她書寫出版社」（She Writes Press）團隊，是無可挑剔的合作夥伴。因為寫書，認識這出版社，我由衷感到慶幸。除了布魯克之外，還要特別感謝專案經理凱特‧蕾芬（Cait Levin）、活力四射的編輯二人組——珍妮佛‧凱芬（Jennifer Caven）、凱蒂‧卡羅娜（Katie Caruana）。她們有鷹眼般的好眼力、文字敏銳度無與倫比，是本書的幕後功臣。也要謝謝蜜咪‧芭克（Mimi Bark）、泰比莎‧拉爾（Tabitha Lahr）為本書設計封面與內頁（原文版）。

JKS 傳播公司替本書執行公關宣傳，我不僅獲益良多，還深受啟發，更重要的是，過程十分愉快！安潔拉‧芭芭森（Angelle Barbazon）、瑪莉莎‧荻可（Marissa DeCuir）以及整個 JKS 團隊，你們的創意點子、意志力、善良都令人刮目相看。

隨著年紀漸長——但願智慧也有隨之增長——我越來越意識到，朋友是多麼寶貴。有相識數十年的老友，也有認識不久的新朋友；或住在附近，或置身遠方，或只有透過電子郵件聯繫。瑞秋‧瑞門是我十分敬佩的朋友，心地極為善良，她曾說，人生要過得好，祕訣在於：「結交益友，一起探索沒有答案的問題。」

此話，我再同意不過。謝謝我的好朋友們，你們是我不可多得的益友。

　　俗話說，善良的種子，得從家裡播下。我要謝謝父母沃特·卡麥蓉、康妮·卡麥蓉（Walter and Connie Cameron），帶我認識文字的美妙，以身作則教導我善良多麼重要。他們早已不在人世，但富於天分的妹妹金姆，仍持續不斷鼓勵我、帶給我無限驚喜。當然，要感謝我的愛人比爾，遇見你，對我而言就像是中了頭獎。結婚時，要你立誓天天帶給我歡笑，謝謝你一直有放在心上。至今，你從未食言！

YOU CAN 33

練習善良的一年
A Year of Living Kindly

作　者 唐娜・卡麥蓉 Donna Cameron

發行人 陳韋竹
總編輯 嚴玉鳳
企畫選書 嚴玉鳳
主編 董秉哲
責任編輯 董秉哲
封面設計 萬亞雰
版面構成 adj.形容詞
行銷企畫 adj.形容詞

印刷 東豪印刷事業有限公司
法律顧問 志律法律事務所・吳志勇律師
出版 凱特文化創意股份有限公司
地址 新北市236土城區明德路二段149號2樓
電話 02-2263-3878
傳真 02-2236-3845

讀者信箱 katebook2007@gmail.com
部落格 blog.pixnet.net/katebook
經銷 大和書報圖書股份有限公司
地址 新北市248新莊區五工五路2號
電話 02-8990-2588
傳真 02-2299-1658
初版 2021年6月
ＩＳＢＮ 978-986-06048-0-1
定價 新台幣340元

版權所有・翻印必究 Printed in Taiwan
本書如有缺頁、破損、裝訂錯誤，請寄回本公司更換

國家圖書館出版品預行編目資料｜練習善良的一年／唐娜・卡麥蓉（Selly Davidow）著．
──初版．──新北市：凱特文化，2021.2 272 面；14.8 × 19 公分．（YOU CAN；33）
譯自：A year of living kindly : choices that will change your life and the world around you
ISBN　978-986-06048-0-1（平裝）　1. 生活指導 2. 成功法　177.2　110003804